与最聪明的人共同进化

斯 CHEERS

HERE COMES EVERYBODY

带着洞察力去识人
Read People Like a Book

[美]帕特里克·金(Patrick King） 著

光子 译

浙江教育出版社·杭州

测一测

你知道如何准确地洞察他人吗?

扫码加入书架
领取阅读激励

- 当你产生以下哪种情绪时,眉毛会形成"八"字形?(　　)

　　A. 快乐

　　B. 惊讶

　　C. 悲伤

　　D. 愤怒

扫码获取全部测试题及答案,
跟随专家学习准确洞察他人

- 一个人越尽责,越有可能(　　)

　　A. 喜欢冒险尝试

　　B. 难以实现目标

　　C. 专注于实现目标

　　D. 反复无常

- 你可以运用以下哪种方法主动地识破别人的谎言?(　　)

　　A. 提出针对性问题

　　B. 说些没有根据的话

　　C. 让其转述真实事件

　　D. 以上全部

扫描左侧二维码查看本书更多测试题

READ
PEOPLE
LIKE A BOOK

引 言

重新认识自己和他人

稍加思考就会发现，
你认识的每个人都是一个谜。

　　你有没有遇到过这样一些人，他们似乎有一种与人交往的天赋。他们好像天生就能理解他人的行为及其缘由，并经常能预测出他人会说什么、感受如何。

　　这些人懂得如何与他人交谈，好让对方能够真正明白他们在说什么。当有人撒谎甚至想要控制他们时，他们也能迅速察觉。很多时候，他们能感受到他人的情绪，理解他人的做事动机，甚至对他人的洞察超过了他人自己。

　　听上去，好像这些人有一种超能力。那么，他们究竟是如何做到的呢？

　　事实上，这种能力一点儿也不神秘，任何人只要认真学习，都能掌握。有人将这种能力称为"情商"，简单来说就是具有社会意识。但有人可能会认为，临床心理学家或精神科医生在对新患者进行面诊时才会运用这种能力。当然也有人认为，资深的美国联邦调查局特工、私家侦探或警察也会随着工作经验的积累练就这种能力。

为什么要学会洞察他人

在本书中，我将带大家深入了解这种能力。实际上，每个人都可以拥有这种能力，而且根本不需要研习心理学课程，也不需要像美国中央情报局的审讯员那样接受训练。

毋庸置疑，解读和分析他人是一种很有价值的能力。如果我们想拥有成功、和谐的生活，势必要常与他人接触、合作。试想一下，如果我们能快速、准确地分析对方的性格、行为和潜在意图，沟通起来就会更高效。说得直白一点，我们就能从中获得自己想要的东西。

有效地解读和分析他人可以带来诸多益处。例如，这样做可以帮我们及时调整沟通方式，以确保和沟通对象建立有效的联系；可以在对方想要欺骗我们或左右我们的决定时及时察觉；还有助于我们理解那些与众不同的人以及和我们拥有不同价值观的人。解读和分析他人的实用性也体现在方方面面，比如你可能想通过浏览新认识之人的社交媒体记录来了解他，也可能正准备面试一个新员工，又或者想知道汽修人员说的你的车存在的问题是不是真的，无论以上哪种情况，你都需要深入地解读和分析他人。

稍加思考就会发现，你认识的每个人都是一个谜。那如何才能知道他们在想什么，他们的感受如何，他们是如何打算的，他们的行为意味着什么，他们为何是那样的人，以及他们又是如何看待和理解他人的呢？

他人的世界如同一个黑箱，我们只能通过黑箱的外观来认识它，即他人的言语、面部表情、肢体语言、行为、给人的印象、样貌、音调等。

在进一步讨论之前，我们要先了解一个不可否认的事实：人是一种复杂的生命体，一直在不断变化，而其内在体验基本上处于封闭状态。尽管有些人对此可能会提出异议，但没有一个人敢说自己完全了解他人。

这也意味着，我们可以通过一些外在信息解读他人。"心理理论"（Theory of Mind）认为，人有能力思考他人的认知状态和情绪状态。这一理论正是人们为了认识他人的思想、感受和行为而建立的一个模型。当然，与其他任何模型一样，这一模型同样对人深层的复杂性进行了简化，因此它也存在局限性，无法解释所有的情况。

如何科学地洞察他人

本书旨在帮你提升分析能力，从而更好地认识他人。要想达到这一目的，你需要收集足够多的关于他人的信息，然后进行分析，从而更深入地了解他人。正如工程师在检查机器后就能判断机器的运行情况和功能，你可以通过观察活生生的人并分析他们，来更好地了解其行为、行为背后的原因和行为方式。

接下来的章节会介绍许多不同的模型，这些模型彼此并不矛盾，只是从不同的角度来认识人类本身。通过综合应用这些模型，你会对他人有全新的认识。

如何运用这些模型，完全取决于你自己。比如，利用这些模型，你可能会更理解你在乎的人，可以利用自己掌握的信息与更多的人进行友好协商与合作，你也可以借此成为更好的家长或伴侣。此外，你还可以用这些模型来提高聊天技能、识破谎言，了解对方做事是否另有所图；在你和他人发生冲突时，也能更好地与之和解。

在遇到新认识的人时，很多人都希望自己拥有一种敏锐的能力，能够感知和分析对方。即便是头脑迟钝、社交能力很差的人，跟他人接触久了，也能掌握一些关于对方的信息。本书要介绍的正是可以用来收集关于他人的有效信息的技能，尤其是那些只和你有过短暂交流的人。

在本书中，我将对以下几点进行深入讨论：如何快速且准确地分析他人，如何通过他人的言语、行为甚至个人财产来评估其性格和价值观，如何解读他人的肢体语言，如何识别他人是否在说谎。

在开始讨论之前，有一点需要提醒你，即解读和分析他人，绝不仅是依从你对他人产生的某种感觉或下意识的情绪反应。尽管人的本能和直觉确实很有用，但本书要讨论的是实实在在的方法和判断模型，它们有可靠的理论依据，并力图超越偏见或偏差。毕竟，如果你想用这些模型，就必须保证通过使用它们而得出的分析是准确无误的。也就是说，当你解读和分析他人时，必须使用有条理、合乎逻辑的方法。

那么，当他人表现出某些行为时，其背后的缘由是什么呢？用比较专业的说法就是，这些行为的历史成分是什么？具体来说，这些行为背后的心理机制、社会机制及生理机制各是什么？这些行为带来了什么样的结果，产生了什么样的影响？它们是如何影响周围的人和事的？另外，是什么引发了这些行为？这些行为是由特定事件引发的，还是由他人的行为引发的，又或者仅是对你个人的一种回应？

在接下来的章节中，我会讨论如何在信息驱动的基础上，更有效地对他人进行理性分析。到时候你可能会发现，这种分析能力会影响你其他方面的许多能力。

例如，当你知道了如何解读和分析他人，你可能会更有共情能力，你的沟通能力和谈判能力也会有所提升，你也会知道如何给自己建立更好的边界，甚至你会更了解自己。

避免陷入"识人误区"

很多人都自认为"很会与人相处"。

如果不用查验自己所说的话是否正确，那么谁都敢说自己了解他人的做事动机。但这么做很可能存在"确认偏差"（confirmation bias）——只记住了自己所说的正确的话，而忽略或淡化了自己明显说错的话。对于这一点，或许从一开始人们就不在乎自己说得对不对。很多人经常会说："我以前认为某某是怎么样的，但当我了解他以后，我发现自己完全错了。"

事实上，人们对他人性格的判断往往没有他们认为的那么准确。读完本书以后，你很可能会学到一些自己以前并不了解的关于解读和分析他人的知识。从头开始学习一项技能永远没有坏处，毕竟没有什么能阻碍人们学习真正有用的技能。除非你坚信自己无所不知，根本不用学。

基于此，要想更好地解读和分析他人，你该怎么做呢？

　　首先，要记住最重要的一点：语境很关键。比如，也许你在网上读到过一篇名为《一个人说谎的 5 种迹象》的文章。读完以后，你可能会进行验证，看看他人身上有没有这些迹象。比如文章中声称，一个人在说话时眼睛向左上方看可能表明他在说谎。这种说法明显有问题：这个人抬头向左上方看，真的是因为他在撒谎吗？会不会仅仅因为他被左上方的某个东西吸引住了？再比如，某人在谈话中无意间出现了口误，有可能是他不小心说出了自己的秘密，也有可能是因为睡眠不足导致他头脑不清而说错了话。所以说，语境很重要。

　　当然，你同样无法仅通过一个人的言语、面部表情、行为完全了解他。例如，假如你对自己今天的行为进行分析，并据此来判断自己的性格，你很可能会得出很荒谬的结论。因为分析是建立在数据之上的，而且不是单一的数据。

　　你还可以从一个人所处的文化背景来解读和分析他。比如，有些手势是通用的，另一些则不然。在大多数文化中，把手揣在口袋里跟他人讲话是轻视他人的表现。眼神交流则更为复杂。在美国，人们重视眼神交流，因为与他人保持眼神交流说明你很真诚，而且这能帮你理解对方在说什么。而在日本等国家，人们不太喜欢眼神交流，因为大众认为这很不尊重人。再比如，在一些文化中，某些数字有特定的含义，而在另一些文化中，它们可能有完全不同的含义。一开始就记住这些不同的解释模型可能有些困难，但当你熟练掌握以后，自然就会记住。

假如在一次简短的谈话中，某人表现出不太寻常的行为，而且前后出现了四五次，那就需要注意了。因此，另一个需要牢记的重要原则是：在分析他人时，要留意对方的行为模式。

其次，建立关于被分析对象行为的明确基线很重要。举例来说，假如你面前站着一个人，他可能一直和你有眼神交流，时不时地对你笑，恭维你，频频点头，偶尔还会碰碰你的手臂。这时候，你可能会得出结论："这个人一定喜欢我。"但你很快发现，他对所有的人都是如此。也就是说，他对你并没有表现出他自身行为基线以上的兴趣。所以，如果你按一般情况去判断，得出的结论可能是错的。

最后，在解读和分析他人时，还需要考虑你自己。这一点至关重要。比如，在某件事上，你可能认为某人在欺骗你，但你完全没有考虑过自身的问题，比如你比较偏执且性格谨慎，又或者你最近曾被人欺骗，还在耿耿于怀。

最后这一点很可能是真正了解他人的关键所在。在解读和分析他人之前，你得先了解自己。如果你连自己是如何将你的需求、恐惧、预设和偏见投射到他人身上的都不了解，那你对他人的观察以及由此得出的结论就没有多大意义了。在这种情况下，你可能只不过是在用一种迂回的方式了解你自己，包括你的认知包袱和情感包袱。

接下来，我们具体来探讨了解他人的两个原则。

 识人 TIPS

了解他人的两个原则：考虑谈话的背景，不要就孤立事件做判断。

第一，要考虑谈话的背景。比如，你是某公司的人事经理，正在面试一位应聘者，你想看看她能否适应公司的环境，但你的面试时间很有限。在面试过程中，你发现她讲话很快，偶尔会结巴，并且坐在座位的前半部分，紧握双手。你肯定不会因此认为她是一个容易紧张且没有安全感的人，因为你知道，每个人在面试的时候都容易紧张。

第二，不要就孤立事件做判断。你注意到，这位应聘者不止一次地提到前领导，并吐槽前领导对时间的要求多么苛刻，而她本人更喜欢独立工作，自由支配时间。听到这儿，你可能会怀疑她是不是不愿受上级的管理，或者说她比较独立，喜欢"先斩后奏"。但是，由于你没有可参考的行为基线，就只好问她在大学里的表现以及所学内容。她可能会告诉你她曾经独立做过的研究项目，以及她和导师相处得多么融洽。这时候你终于明白了，如果工作项目能引起她的兴趣，她也会服从上级的管理。

所以，如果你只留意到她很紧张，那你不可能真正了解她。许多招聘人员都说，应聘者在面试的时候说前领导的坏话是在给自己"挖坑"。不过在面试过程中，招聘人员重点关注的应该是应聘者的行为模式，而不能揪住孤立的事件不放。就上述应聘者来说，作为人事经理，你甚至可能认为她紧张的原因在于你，是你让她感到紧张的——因为你身材魁梧、声音低沉，而且表情严肃。这时候，她无法展现出自己真实的样子，而是展现出她在面试时会有的样子。

因此，我们要牢记上述两个原则，以确保在解读和分析他人时始终贴合当前的环境背景，且这些解读和分析是经过深思熟虑后得出的。这样，我们就能将获得的信息整合成合乎逻辑的实用性理论，而不是在发现了一些惯常行为后，就草草得出结论。

成为识人高手

来看看下面的对话场景：

"你昨天晚上开的玩笑，让你表弟很生气。"

"他生气了？不会吧，他没有生气，我记得他觉得很好笑啊。"

"怎么可能？当时他眉头紧皱，我觉得他真的生你的气了。"

你有没有遇到这种情形：一开始，你跟一群人交谈，后来却发现，每个人对当时情形的表述完全不同。比如，对于某人是不是在和其他人调情、是否有人感觉不适或感到被冒犯、是否有人状态不佳或行为粗鲁，人们的看法完全不一致，就好像大家处在不同的场景中。

有研究表明，在人与人的交流中，只有约 7% 的信息是通过口头语言传递的，而多达 55% 的信息是通过肢体语言传递的。也就是说，当人们想传递信息时，言语是最无力的。此外，就连语气也只能传递 38% 的实际信息。由此不难理解，为什么人们经常在谈话结束后对谈话过程中真实

 识人 TIPS

在交流中，只有约 7% 的信息是通过口头语言传递的，而多达 55% 的信息是通过肢体语言传递的。

发生的事有不同的印象。所以，要准确理解你与对方的对话，就既要留意对方的言语线索，也要留意其非言语线索。

由此看来，哪怕你自认为很会和他人打交道，也不能说明你善于解读他人。不过研究发现，我们可以通过科学方法来衡量人们解读他人的能力。剑桥大学的心理学家西蒙·巴伦·科恩（Simon Baron Cohen）设计了一项测试，他称之为"社交商测试"（Social Intelligence Test），该测试总分为

36 分。一般来说，孤独症患者的得分常低于 22 分，而普通人平均得分约为 26 分。

在测试中，被试只能通过盯着他人的眼睛来推断对方的情绪，从而测试被试的共情能力如何。例如，对方可能面带微笑，但他内心有没有可能感到不舒服呢？解读他人情绪的能力通常与高级社交智力有关，社交智力高的人，其团队合作能力、共情能力以及人际交往能力往往也比较高。

 识人 TIPS

社交智力高的人，团队合作能力、共情能力以及人际交往能力往往也比较高。

测试过程如下：首先，被试要盯着网页中的图片看，这些图片上都是人的眼睛。然后，被试要从 4 种情绪中选出一种，以准确表述这双眼睛所代表的感受。

和其他任何同类测试一样，这个测试本身也存在一定的漏洞和局限性。比如，可能一个人的社交能力非常好，但他的词汇表达能力较弱，又或者他不了解西方文化或不会说英语，因此要谨慎看待测试结果。通过这个测试，一个人可以了解自己在信息不足的情况下，能够在多大程度上准确地解读他人的情绪，即仅通过看一眼对方的眼睛，就能解读对方到什么程度。

以上不过是这个测试的一小部分。除此之外，测试结果也表明，每个人的社交能力是不一样的。也许，你可能并不像自己最初想象的那么善于社交。相反，仅依靠感觉或直觉是远远不够的，你可能很容易对他人做出错误的评价。

因此，在理解他人心灵深处比较阴暗或隐匿的内容时，需要尽量保持客观，不能轻易相信自己的直觉。如果一个人做了上面的测试，结果得分只有 26 分，表明他在每 36 次解读他人的面部表情时，就有可能出现了 10 次错误。

那么，究竟错在哪里呢？

事实上，在任何社交场合，注视他人的眼睛仅仅是获得信息的一种途经。我们还需要关注对方的身体姿势和肢体语言，对方说了什么以及没有说什么，对方的音调、态度以及谈话时的背景等。

在上述测试中，即使一个人的得分不高，也无须担忧，因为这并不一定意味着他有孤独症，也并不一定意味着他不想和他人交流。在现实生活中，我们不可能只看到一个人的眼睛，还会注意到很多信息。实际上，我们可能比自己想象的更擅长将这类信息及其他可利用的信息整合起来。

你可能很想实践本书中介绍的一些方法，有意识地提高自己解读和分析他人的能力，然后在一两个月后重新进行社交商测试。在这个过程中，你可能会惊奇地发现，你的共情能力和社交能力并不是一成不变的，而是可以逐步改善并提高的。实际上，当你有了基础的解读和分析他人的能力后，就可以继续学习相关理论和模型了，这些理论和模型甚至有机会帮你把解读和分析他人的能力提升到福尔摩斯那样的专家水平。

READ
PEOPLE
LIKE A BOOK

第 1 章

我们动机的五大来源

想从某种程度上
认识、理解、预测甚至影响他人的行为，
归根结底要先了解其动机。

先来思考两个问题：为什么要了解他人？为什么要大费周章地去学习他人是如何做事的，以及了解他们为什么那么做？

不妨回想一下以前的某个情形：当时，你非常想了解某个人。你这么做，可能是因为你一直被对方的行为吸引，或者想弄清楚对方为什么做某事。

要想弄清楚他人的行为，我们需要考察引发这种行为的原因和驱动因素，也就是动机。一个人做出某些行为肯定是有原因的。虽然人们不一定总能感觉到或理解行为背后的原因，但它的确存在。所以，要想从某种程度上认识行为、理解行为、预测行为甚至影响行为，就需要先了解是什么促使了某种行为的产生，也就是他人的行为动机是什么。比如，一个人为什么会拿起本书？他今天早上为什么不起床？他今天不假思索地去做许多事情的理由又是什么？

无论一个人能不能意识到，他做任何事都有理由。人们可以通过了解他做事的动机更深入地了解他。

本章将探讨激发人类行为的方方面面因素，如欲望、仇恨、喜恶、苦乐、恐惧、义务、习惯等。一旦了解了他人的行为动机，就可以将其行为视作他们自身的一种自然且合乎逻辑的发展。反过来，也可以通过他人的行为预测其动机，最终了解其本人。

人的行为是由心理、社会、经济以及生物和进化等因素共同驱动的，这些因素又能通过有趣的方式相互作用。当我们询问他人的兴趣、价值观、目标或恐惧感时，或多或少是在询问对方的动机。从这个意义上说，一旦了解他人的"归属"，就可以用他们的方式来了解其人与其世界。

识人 TIPS

一旦了解他人的"归属"，就可以用他们的方式来了解其人与其世界。

本章还将探索人类行为背后

的多种不同动机，并将其纳入解释模型。通过这些解释模型，我们可以观察他人的行为，并从更深的层面予以理解。

接下来，让我们先从最深层的动机开始：无意识动机。

内在阴影，我们在害怕什么

有这么一个老生常谈的笑话：一位大腹便便的秃头中年男子，开着一辆昂贵的鲜红色跑车飞驰而过。路边的行人议论道："啧，他这是在弥补什么呢？"

这虽然只是个粗俗的玩笑，但它说明了一个普遍存在的问题，即人们的行为有时是由无意识的内在力量驱动的，而且这种内在力量通常不会被自己察觉到。

你可能听说过瑞士心理学家卡尔·荣格提出的"阴影理论"。简单来说，阴影包含了人们自身天性中所有被否认、忽视或回避的方面。而这些正是人们对他人隐瞒甚至对自己隐瞒的部分——卑鄙、恐惧、愤怒和虚荣。

当我们整合自己的阴影时，往往能培养出一种深层次的完整感，并能进一步发展成一个真实且完整的人。荣格并不关心当今流行的"积极性"和"自我提升"等概念，他认为，心理健康源于自我承认和自我接纳，即承认并接纳自我的一切，而不是把自己不想要的部分越推越远。

识人 TIPS

心理健康源于自我承认和自我接纳，而不是把自己不想要的部分越推越远。

对自己的阴影做一些功课，即有意识地尝试找回那些被压抑的部分，这有助于抚慰自己。那么，我们该如何通过阴影理论更好地理解周围那些同样受阴影影响的人呢?

有这样一个关于阴影的事实:尽管阴影被人们从意识中剔除了，但它依然存在。事实上，阴影很可能会通过更微妙的方式不经意地显露在一个人的行为、思维或感受中，也可能会出现在梦境中。如果我们能观察到并了解他人身上阴影的外在迹象，就能深入地了解其性格。

我们生活在一个二元世界中:有光才有黑暗，有落才有起，活跃的事物终将趋缓并停止。哪怕对这一点仅有简单的认识，也有助于我们理解他人。实际上，我们都是各种对应因素互相补充、互相联系、互相依存的混合体。就像"阴""阳"一样，二者互为因果、互相平衡。

想象一下，有这么一个人，他成长于一个家教严格的家庭，家长要求他在学业上表现优异。他没有夜生活，从不饮酒，也不和朋友来往，每天除了学习就是学习。当你看到这个人时，你就会注意到他的自我有多么失衡和分裂。他的意识只专注于自我的一个方面。他那想自由、想反抗、想玩耍，甚至想做一些出格行为的冲动人格部分都遭遇了什么？他的这部分人格究竟去哪儿了呢？

你可能认识几个人，他们的童年就像刚才提到的这个人一样，而且他们接下来的人生故事也大致相仿：成年早期，为了满足自己长期被压抑、被隐藏的对自由、表达、叛逆的需求，他们开始放纵，放弃学业，纵情狂欢，好像在弥补自己曾经遗失的人生。

我们可以通过阴影理论来理解上述现象。假设有这样的一个好学生，即便他举止得体、遵纪守法，我们也知道他必然有自己的阴影，而且阴影里隐藏着他自己、他人和他所处环境无法接受的一切。就像将沙滩排球一直按在水里阻止它浮出水面需要消耗能量一样，否认阴影的存在也需要消耗能量。不过，沙滩排球最终会弹出水面，那被否认的阴影又会如何呢？

 识人 TIPS

未知的阴影通常会导致心理不适，就像把沙滩排球一直按在水里阻止它浮出水面需要消耗能量，否认阴影的存在也需要消耗能量。

带着未知的阴影生活，通常会导致心理不适。我们的心智、身体和精神想要获得一种完整感，如果只有让被压抑的事物爆发出来才能获得这种完整感，继而才能意识到自身有获得完整感的需求，那还有什么可说的呢，就让它爆发吧！

通过运用荣格的阴影理论，我们可以在理解他人方面获得一些关键性启示。

第一，我们更能理解他人为什么会变成现在这样，自然也会更同情他们。比如，如果知道学校里的"恶霸"从小就学会了压抑自己的自卑、软弱和恐惧，我们就会对其行为有一定的认识，继而可以与之开展更深层次的交流，也就是与他们真正的自我进行交流，而非人们表面上看到的、他们"精心"展露出来的有意识的自我。

第二，通过运用阴影理论，我们可以更有效地与他人互动和交流。每个人都有追求完整感和真实性的动力。一旦我们能直达他人内心未被承认的部分，就能与其进行更深入的交流。

例如，傲慢且自恋的人的阴影中可能满是自我厌恶。在这样的阴影下，他们无法面对自己，因此竭力否认阴影是自身的一部分。人们对自恋的人的普遍反应是想要拆穿他们、嘲弄他们，或者打压他们的夸张行为。但这样

识人 TIPS

直达他人内心未被承认的部分，就能与其进行更深入的交流。

做只会增加他们的羞耻感，而正是这种羞耻感引发了他们的自我厌恶。如果你知道一个人的夸张行为从本质上来说是一种自我防御，你就可以相应地调整与他交流的方式。

诚然，我们不能仅因为自己觉得他人应该承认自己的阴影，就要求他们这么做，但了解这一点肯定能给我们一些启示，以便将来更好地与之相处。通过运用阴影理论来理解他人的一种好方法是，看看他们是如何将自己的阴影投射到外部世界的。

阴影会让人感到痛苦和不适，人们通常会通过忽略或否认来纾解这种痛苦和不适，甚至声称这种情况只会发生在他人身上。这就是阴影投射，它指的是人们会无意识地将自己的阴影特征归于他人。例如，自觉智力不如他人的人可能会发现，自己觉得所有的人都很蠢，他们还会傲慢地对他人的努力指指点点。尽管从表面上看，这些人可能自称知识分子，但明眼人很容易就能看出他们表面的聪明是为了掩饰内心的自卑感。如果你碰巧被这样的人说过"蠢"，那么你现在明白了，他们并不是在说你，而是在说自己。

明白了这些，你就可以用你的洞察力更深刻、更富有同情心地理解他人。例如，你可以试着跟对方解释"蠢"并不可耻，并表示无论聪明与否，你都会接纳他、帮助他。这有助于他整合自己的阴影，因为如果一个人觉得自身被压抑的部分并不可耻，也不会让人感到不舒服，他就不会再压抑它。正如放弃对沙滩排球的按压，它就会轻轻地浮到水面上来，对待阴影也是一样的道理。

不过，这并不代表我们每次和新认识的人打交道时，都要扮演心理咨询师的角色。整合阴影是一项漫长而艰巨的任务，除了自己，靠任何其他人都无法完成。而整合阴影最好的方式是正视阴影。通过这种方式，我们也能承认和理解他人的阴影。我们甚至可能因此开始以不同的方式看待自己所处的文化，如群体本身可能有集体阴影。比如，我们的家庭、我们所处的社区作为一个群体，会拒绝承认哪些事情呢? 用不同的方式看待自己所处的文化，又将如何帮助我们更好地理解群体行为呢?

识人 TIPS

整合阴影最好的方式是正视阴影。

在荣格的精神分析中，对待阴影最有益且最有治疗效果的态度是爱和接纳。保持好奇心固然重要，但与人为善更加关键。看出他人可能有阴影，并不是为了揭对方的短，也不是为了激怒对方或借此谋取利益。

相反，我们应该从整体的角度去审视对方时常撕裂、破碎和无意识的精神世界。如果能在观察中发现他人的阴影，就是在提醒我们应该诚实地审视自己。

 识人 TIPS

一旦接纳和理解了他人的羞耻、恐惧、怀疑和愤怒，我们也会接纳和理解自己。

一旦接纳和理解了他人的羞耻、恐惧、怀疑和愤怒，我们就会接纳和理解自己。这样，我们不仅更能理解人性，也会成为更善解人意、通情达理的朋友、伴侣或父母。

事实上，每个人阴影中的事物并没有多大的不同。人们往往都不愿承认自己有时会感到卑微、脆弱、不讨喜、困惑、懒惰、自私、好色、心怀嫉妒、刻薄或懦弱。检验自己和他人存在哪种阴影的一个绝佳方法是，看看某种行为会引发什么样的感受。

举例来说，在和前面提到的那种自负的知识分子交谈时，当你表达了某个想法以后，他立刻报以嘲笑，并指出你的想法很"蠢"，你会怎么回应？你可能和大多数人一样，会感到愤怒、尴尬或羞耻，马上想为自己辩解。接着，你也许会用一些自以为很有道理的理论来反驳他，以证明他错了，或者你也可能直接嘲笑并羞辱他。

其实，你做出上述反应的原因是，对方的阴影触发了你的阴影：你不愿被他人说"蠢"或技不如人。然而在这种互动中，如果你能有意识地保持清醒，就会仔细留意并审视自己的反应。对方以这种方式"羞辱"你，实际上透露了一些关于其自身的关键信息，如果你懂得如何倾听，肯定能觉察出来。

聪明且善于观察的人都知道，一个人用来羞辱他人的东西，往往是他自己都没意识到的给自己贴的标签。如果你能意识到这一点，就能在看似羞辱性的谈话中保持镇静；如果你意识不到，就可能会与对方陷入自我防御的争论中，并不知不觉地被对方带进去，与之上演一场特定的"阴影戏码"。

识人 TIPS

一个人用来羞辱他人的东西，往往是他自己都没意识到的给自己贴的标签。

通常，阴影会显露在人们的动机之中。下次你再遇到某人时，不妨在头脑中快速过一遍以下几个问题，以便更深入

地了解对方:

- 他正在积极且有意地展示的是什么?
- 他可能不愿承认自己的哪些部分?
- 他不愿承认的部分是如何无意识地影响他的行为的?
- 我对这个人有什么样的感觉?他不愿承认的部分有没有投射到我身上,或者有没有触发我自己的阴影?
- 当下我该如何对他的阴影表示同情和理解?

在与他人交谈时,借助阴影理论,我们可以识别对方的所有人格特质,包括他们没有显露出来的部分。运用这种方法,我们也能听出对方的言外之意。

内在小孩,我们在渴望什么

了解他人更深层动机的另一种方式,是识别并承认他们的"内在小孩"(inner child)。我们可以将内在小孩理解为无意识的一部分,它体现的是人们小时候的自己。

在童年时期，我们知道自己的哪些部分能够被人接纳，哪些部分不能。因此，童年是我们开始塑造有意识人格并产生阴影的时期。虽然处理内在小孩的问题听起来并不简单，但实际上，这与委婉地承认和接纳自己的阴影没有多大差别。

如果你单独或与心理咨询师一起处理内在小孩的问题，你可能就会与自己的内在小孩进行有趣的对话。你们一起写日记、画画，并进入富有同理心的成年人心理模式，然后"重新养育"年幼时的自己，弥补自己当时原本需要却没有得到的一切。

那么，如何利用内在小孩理论更好地理解他人呢？你可以学习识别他人如何管理自己的阴影部分，以及判断他们是否受到了其自身内在小孩的影响。例如，当你与伴侣发生争执时，对方可能很生气，一直在为自己辩解，这时，如果你能将对方的行为理解为一个感到害怕的小孩在闹脾气，那你马上就能理解对方的行为。

你可能也有过这样的感觉：在跟某人打交道时，你感觉对方是一个像孩子似的成年人。如果发现他的情绪突然发生剧烈变化，那你就应该注意了，因为如果一个人突然感到气愤、痛苦、被冒犯或开始戒备，那很可能是他的某些神经被触动了。在这种情况下，他的无意识以某种形式被唤醒，这种无意识就是他的阴影或内在小孩，或者是二者的结合。

如果你想知道自己正在打交道的人是否完全认同他的内在小孩，可以通过一个很好的迹象来证实：你是否被定位成一个"家长"。成年以后，人们理应承担责任、克制自我，做事讲求理性并尊重他人。从心理上来说，处于小孩模式的成年人可能仍会表现得像个孩子，你难免会像家长一样安慰或训斥他，甚至帮他收拾烂摊子。

识人 TIPS

想知道自己是否在和一个完全认同其内在小孩的人打交道，可以通过你是否被定位成"家长"来证实。

举例来说，假如你要和一位新来的员工共事。这个人在开会的时候滔滔不绝，但该他负责的事根本没处理好，最后还得让你来收拾烂摊子。当你让他给出解释时，他反而矢口否认，还生起闷气来了。此时，对方完全认同他自己的内在小孩，表现得就像个顽劣、叛逆的孩子。一旦了解到这一点，你就知道该怎么做了。你没有必要惩罚他，因为这并不是你的责任，你也没必要想各种方法"哄"他去工作。

或许，他从小就认为，他的这种做事方式才是对上级、对责任或对不情愿做的事的正确回应。对于这类人，你可以有意识地与其成熟的一面打交道，这样能改善你们的互动方式。如此一来，对方也就不能一直表现得像个孩子了，从而避免很多冲突的发生。

所以，我们不仅要关注他人的行为，也要弄明白其行为背后的缘由，这听上去并不特别，但实际上很有用。

心理学的一大贡献是，它让人们相信，我们不仅可以根据事情的实际特征来理解它，还可以根据相关的人及其需求和动机来理解它。接下来，我们就来深入探讨这个话题。

快乐原则，我们会偏好什么

如果你善于观察，当你真正了解某人做事的真实动机后，就能更好地认识对方，甚至可以预测对方接下来可能会做什么。使用这种方法，你就有机会了解他人的所思所想，并能清楚地知道他们的想法或做法会带来什么样的结果。了解了这一点，你和他人交流起来会更得心应手。

另外，了解他人的行为动机对了解他人的情绪和价值观也很重要，因为一个人的行为动机和价值观的终极导向是一致的。

关于动机来源的推测，最为人熟知的就是快乐原则（pleasure principle），因为它理解起来要比其他心理学术语容易得多。快乐原则最初是由"精神分析之父"西格蒙德·弗洛伊德提出来的，之后引起了大众的注意。不过，早在古希腊时期，亚里士多德就曾提出，人很容易受快乐和痛苦的操纵与驱使。

快乐原则表明，人的大脑会想方设法地寻求快乐，并避免痛苦。这个道理就是这么简单，并且我们可以据此发现生活中最普遍的可预测动机。

基于快乐原则，大脑为我们的自然驱动力和欲望提供了栖身之所。快乐原则认为，大脑不受任何束缚，原始而粗暴，它会竭力满足身体对快乐和愉悦的渴望。对于任何能让人感到快乐的事物，比如美味大餐或兴奋剂，大脑都是以相同的方式来感受的。

不过，快乐原则也遵循一定的规则，这有助于我们预测他人的行为。接下来，我们就来探讨其中的一些规则。

第一，人们的任何决定，都是为了获得快乐或避免痛苦。这是所有人共有的一种动机。无论人们做什么，都会受到快乐原则的驱使。例如，当你渴望某种食物的味道时，你会翻冰箱；当你想让自己看起来更有吸引力时，你可能会给自己弄个新发型，这些都会让你感到快乐。而当你在使用喷灯焊接器件时，你会自然而然地戴上防护面罩，这样能避免火花飞溅到脸上或眼睛里，不然你会很痛苦。回想一下你做的所有决定，无论是短期决定还是长期决定，你会发现它们都与获得快乐或避免痛苦有关。

第二，相比获得快乐，人们更想避免痛苦。人人都想获得快乐，且越多越好。但相较而言，人们想要避免痛苦的动机更加强烈。在危险的情况下，人们第一时间想到的不是去吃自己最喜欢的食物，而是生存下来，后一种本能更为迫切。因此，大脑在面对痛苦时比在面对快乐时更加活跃。

 识人TIPS

人人都想获得快乐，但人们想避免痛苦的动机更加强烈。

不妨想象一下，此时你正站在一条沙漠公路的中央。你面前放着一个宝箱，里面装满了金银财宝，有了它，你就实现了财富自由。但同时，一辆失控的大卡车正径直朝宝箱冲过来。在这种情况下，你很可能会选择躲开大卡车，而不是选择拖走宝箱。因为在此时，本能地躲避痛苦（死亡）是你的第一要务，它超过了你获得快乐的欲望。

如果你现在处在人生低谷期，面临着巨大的痛苦或不快，那么你必须尽快采取行动，这样才能避免在将来重蹈覆辙。这就像一只受伤的动物通常会比稍有不适的动物更有动力去采取行动来躲避痛苦。

第三，人们对快乐和痛苦的感知比对实际体验更强烈。当大脑在快乐的体验和痛苦的体验之间做选择时，会依据我们采取行动后可能产生的情形来进行判断。换句话说，对快乐和痛苦的感知才是促使大脑做出反应的真正动力，而非实际体验。

不过有时候，人的感知不一定是对的。事实上，在大多数情况下，人的感知都存在缺陷，这也是人们经常会违背自身的最大利益而行事的原因。

人们对墨西哥辣蚱蜢（Jalapeño chapulines）的偏好就是一个绝佳的例子。这是一种传统墨西哥小吃，非常辣，但很美味，而且热量也比较低。

你可能不知道蚱蜢吃起来味道怎么样，之前也从来没有吃过，但一想到吃蚱蜢，你多半会犹豫。一想到自己吃了一口蚱蜢，你可能就会感到恶心。这种感知会驱使你对吃蚱蜢说"不"。

但事实上，你还没有真正吃过蚱蜢，只是一直在思考"吃蚱蜢会让自己感到恶心"这件事。真正吃过蚱蜢的人可能会一直跟你说，如果蚱蜢烹制得当，真的是一道美食。不过，你可能依然克服不了自己对吃昆虫这件事的先天感知，即这会让你感到恶心。

第四，快乐和痛苦会随时间发生变化。一般情况下，人们只关注于当下：我能尽快得到什么，好让自己快乐起来？

识人 TIPS

人们在考虑能否让自己感到舒适时，更关注即将发生的事。

即将发生哪些会带来痛苦的事情，我得赶紧想办法避开？实际上，在考虑能否让自己感到舒适时，人们更关注即将发生的事。虽然几个月甚至几年以后，快乐或痛苦的感觉仍可能会出现，但人们当下并不知情，只想了解眼前触手可及的事情。这是感知的缺陷之一，也解释了人们为什么经常会拖延不太紧急的事。

以吸烟为例，对吸烟的人来说，吸烟是当下最重要的一件事，吸烟可以让他们感觉到愉悦或解脱。大约 15 分钟以后，烟吸完了，他们会休息一阵子，"享受"片刻。他们不会在每次想吸烟时都去考虑吸烟可能会带来的健康问题，因为这对他们来说太遥远了。当下，他们心里想的只有吸烟，因为他们渴望吸烟。

第五，情绪的产生没有逻辑可言。每当涉及快乐原则时，人们的感受往往会战胜理性思考。例如，你可能知道做某些事是好是坏，也知道个中原因。但是，你的"本我"（id）不讲逻辑，如果它只想满足自己的某种渴望，结果很可能会是，为了满足这种渴望，你会做任何事；而如果"本我"让你觉得做某些有用的事情会产生很大的压力或不快，你可能就不会去做了。

仍以吸烟为例，毫无疑问，吸烟的人都知道吸烟对身体有害——所有的烟盒上都有警示语。他们也许看到过长期吸烟者被腐蚀的肺部的照片，也知道自己面临的健康风险。但当一包烟放在面前时，他们还是会将自己知道的一切抛诸脑后，取而代之的是"想吸烟"的渴望。为了获得快乐，他们的情绪战胜了理性。

第六，生存下去重于一切。一旦一个人的生存本能被激活，其心理上和情感上的其他一切都会变得无关紧要。如果人们感知到或遭遇了危及生命的情况，他们的大脑就会关闭其他一切通路，这时，他们仿佛变成了一台机器，所有的想法和行动都是为了求生。

人们做出这种行为并不奇怪。就像前文提到的在沙漠公路上遇到财宝的情形，你会努力躲开迎面而来的大卡车，如果不这样做，你就活不成了。大脑不允许你做出其他选择，它会尽一切可能让你躲开大卡车。

识人 TIPS

当我们寻求快乐时，即便这会让我们陷入危险，生存本能也会发挥作用。

当我们寻求快乐时，即便这会让我们陷入危险之中，生存本能也会发挥作用。以美食为例，当有人为你端上一大盘玉米片，同时配有很多奶酪、酸奶油、肥肉及其他很多食物时，即使知道吃这么多食物很不健康，你仍可能会饱餐一顿。

为什么会这样呢？因为食物能让你生存下去。大脑可能在对你说："你面前有可以吃的食物，你应该吃了它们。"当下，这些食物也许并没有达到理想的营养标准，但你的生存本能会告诉你必须吃掉它们。

关于快乐原则，有一个经济学理论与之相关，它常常被用来预测市场行为和人的购买行为，即"理性选择理论"（rational choice theory），这一理论源于一个带有戏谑意味的经济学术语——"理性经济人"（homo economicus）[①]。这表明，人们所有的决定完全出于自身利益，并且是为了尽可能地为

———————————
① 理性经济人，又称"经济人假设"，它假定人始终是理性且自利的，会以最优方式追求自己的主观目标。——译者注

自己带来更多快乐。这一理论虽然并不总能站得住脚，否则人人都能预测市场行情和股票价格了，但它证明了人的很多动机本质上都是很纯粹的。

当你认识了新朋友，或者想了解某个人时，不妨观察一下，对方为了获得快乐或避免痛苦有哪些举动。你不妨也思考一下，他这么做会得到什么好处，能避免什么坏处，或二者兼有。

举例来说，假如你有个 5 岁的孩子，你想让他打扫自己的房间，但他因为玩累了不愿意打扫。这时候，你不妨先思考一下快乐原则，然后再问他："你觉得爸爸妈妈的要求怎么样？"他很可能会说："让我感觉很痛苦。"由此，你会意识到，他不愿意打扫是想避免痛苦，并最大程度地享受快乐。那么，你就该改一改自己的要求。比如，你可以把打扫房间与玩游戏结合起来，或者将打扫房间与获得奖励结合起来。这样一来，你们的交流会更有效果，孩子也会更愿意打扫房间——你的期望达到了。

当然，你可能会有疑问：快乐原则是不是在任何情况下都成立？答案是否定的。人是能够做到自律、克制和自控的，也真的渴望能从只在未来有回报的事情中获得快乐，或者从帮助他人而不是自己的过程中获得快乐。

比如，你可能听说过很多第二次世界大战时大屠杀期间的故事。有些被关在集中营的囚犯自己都快要饿死了，仍然坚持把仅有的一点食物分给别人吃。所以说，人在做选择时会受到很多因素的驱使，而不仅仅是为了获得快乐或避免痛苦。因此在解读他人时，要考虑到许多不同的模型和理论，任何单一的模型或理论都是不够的。

接下来，我们将了解另一种基于需要的理论，以便更好地审视人们的一些行为及其背后的原因，而这些行为无法用快乐原则来解释。

需求层次，我们被什么驱策

20 世纪 40 年代，心理学家亚伯拉罕·马斯洛提出了一个具有开创性的观点：人类的绝大多数心理问题都是一些基本需求得不到满足导致的。人类日常生活的动力就是满足这些基本需求。

马斯洛提出的需求层次理论是心理学史上最著名的理论之一。该理论借助金字塔模型揭示了为什么要先解决人类的某些需求，如对食物、睡眠和温暖的需求，之后再解决更高水平的需求，如对爱、成就和职业的需求。通过金字塔模型，我们可以直观地看到，在人生各个阶段的需求得到满足以后，我们的动机是如何变化的，这通常与我们所处的需求层次有关。

马斯洛的需求层次理论描述了人类的基本需求和欲望，以及它们在生命中是如何发展的。人的需求层次就像一级一级的阶梯，需要从低到高逐级而上，如果基本的需求和欲望没有得到满足，人们就很难有动力去满足更高层次的需求和欲望。这意味着，人的动机变化取决于自身处于哪个需求层次。

为了明白这一点，我们不妨以从婴儿期到成年期这段时间为例，看看人类的需求和相关动机是如何变化的。在婴儿期，我们没有生计之忧，也不在意生活满意度的高低，只要能睡好觉、吃饱饭，身边有人照顾就行了。在这一阶段，饮食和生存是我们仅有的需求和欲望，刚生了孩子的父母应该对此都深有体会。

到了青少年期，仅仅满足生存需求和健康需求已经不够了，我们还渴望人际关系和友谊。在这一阶段，我们需要找到自己的归属感和共同体。而到了成年早期，我们不再仅仅满足于有一群要好的朋友，还开始追求整体的目标感，否则就会感到空虚。

年轻的时候，如果我们足够幸运，能为自己和家人提供有经济保障和稳定的生活，我们的需求和欲望就会转向外界，而不会转向内心。例如，沃伦·巴菲特和比尔·盖茨等人参与慈善事业，就是希望为世界带来更大的影响。

马斯洛的需求层次理论认为，一个人所处的需求层次决定了他做事的动机。人的需求通常包括以下 5 种。

生理需求

生理需求在婴儿的日常生活中很容易被观察到。对婴儿来说，最重要的是满足自己的基本生存需求，如对食物、水和住所的需求。如果这些都得不到保障，他们就很难获得其他方面的满足。实际上，如果人们越过基本需求而去寻求其他层次需求的满足，就会伤害自己。

安全需求

当一个人吃饱了饭、有衣服穿且有地方住以后，他就需要想办法来确保自己能一直维持这种生活条件。因此，他必须有可靠的收入来源或资源，以保证生存安全的持久稳定。

前两种需求主要是为了保证人能生存下去。不过，有些人的前两种需求都无法得到满足，因此，他们对能否发挥自己的潜力一般并不关心。

爱与归属需求

在生存条件得到保障之后，如果不能和自己在乎的人分享拥有的物质条件，人就会觉得空虚。人是群居动物，研究表明，一个人无论吃得多好，住得多安全，如果与世隔绝，就很容易出现情绪与精神问题。所以，人需要与家人和朋友保持联系，多参加社交活动。

不过，社交对不少人来说是一个障碍。这些人缺乏建立健康的人际关系的能力，所以社交需求很难被满足，他们也无法专注于满足更高层次的需求。不难想象，一个没有朋友的人往往只能陷在低水平的幸福中。

尊重需求

你可以和他人建立某种关系，但这种关系是否健康呢？你能从这段关系中获得自信和支持吗？

尊重需求的重点是，一个人与他人的关系会如何影响他对自己的看法。一个人对尊重的需求程度的高低与他是否成熟有关，也就是他的自我接受度如何。当一个人能够接受自己并有良好的自尊水平时，即便他人误解了他，甚至不喜欢他，他也不会自我怀疑。一个人如果想满足他的尊重需求，并拥有良好的自尊水平，就必须取得一定的成就或赢得他人的尊重。一个人和他人相处、帮助他人的方式与他看待自己的方式是相互关联、相互影响的。

自我实现需求

在马斯洛看来，自我实现需求是人最高层次的需求。一个人会为了比他的需求甚至比他自己本身更重要的事物而活。他会觉得自己应该努力向上探求，不能只停留在便利和舒适层面。到了这一层次，人会注重道德，会更有创造力和自发性，会更客观地看问题，并坦然面对现实。

自我实现需求位于需求金字塔模型的顶端，它是人终极的需求。要想满足自我实现需求，要先满足其他低层次的需求。假如和你一起工作的人既不担心面子问题，也不在乎他人的看法，那他很可能就已经处于最高需求层次了。到了这一层次，人们追求的是人生的使命和目标。

马斯洛的需求层次理论也许无法准确地描述人们所有的日常需求，但它的确为我们生活中的需求提供了一份大致的清单。通过观察，我们可以了解他人正处于需求金字塔模型的哪一层，对

识人 TIPS

假如某人既不担心面子问题，也不在乎他人的看法，那他很可能已经处于最高需求层次。

他们来说当下什么最重要，以及他们怎么做才能到达更高一层。

以某女性救助中心的一名辅导员为例，她可以运用需求金字塔模型来决定如何接待前来求助的女性。例如，当一名女性第一次来到救助中心时，这位辅导员最先要考虑的是这位女性的人身安全。如果她正努力挣脱家庭暴力或寻求金钱上的帮助，抑或为了孩子的幸福前来求助，那么她不可能有心情和辅导员谈爱之类的问题。与此同时，一个在救助中心待了几个月的女性，她的生理需求已经基本得到了满足，她更需要的可能是陪伴和归属感，辅导员就需要和她成为朋友并给予她支持。

假如辅导员和刚才的这两类女性谈论更高层次的需求，如让她们怀着怜悯之心原谅施暴者，或利用这段经历让自己成长，就完全没有帮助。此外，如果一位女性已经从家庭暴力中挣脱出来且恢复良好，那她很可能会追求高层次的需求并为此努力。这时候，合格的辅导员知道如何与她交谈，给出合理的建议并给予她支持，以满足她更高层次的需求。毋庸置疑，这样的辅导员是能真正理解他人的人。

不过，假如辅导员遇到这样一位女性：虽然她被配偶打得鼻青脸肿，但她仍然否认自己受到了虐待，而且当任何人提到这个问题时，她都会转移话题。在这种情况下，该怎么办呢？这就涉及接下来我们要探讨的另一种重要理论了，即通过防御机制（defense mechanism）来获得快乐、避免痛苦以及满足自己的需求。

自我防御，我们都在意什么

为了保护自己不受他人的伤害，我们会采取一些行动；而为了保护内在的自我，我们也会想各种方法。为了自保，自我可能会本能地对现实进行曲解，继而导致故意欺骗和自欺欺人。因此，自我防御也可以作为一种预测指标，用来分析他人的行为。

例如，有的员工在工作上表现不佳，他们可能会以推卸责任的方式来"捍卫"自己的技能和才华。他们可能会说："老板总是跟我过不去。是谁让我这么做的？是老板啊！不管怎么说，反正都是他的错。"而有些自以为很优雅的人，在路上跌倒以后，反而可能会抱怨前一天下过雨，说自己的鞋底太滑了，甚至怪起路上的石头来。再比如，未能入选校篮球队的篮球运动员会抱怨教练讨厌他，或者说自己不习惯特定的打法，抑或谎称自己并不是真的想加入校篮球队。

当一个人试图保护自己时，他说出来的话听起来就像上面的事例一样荒谬。其中很多话都是借口或存在偏颇，让人很难辨别真假。

这一切源于一个普遍的事实：没有人愿意犯错或失败。犯错或失败会让人感觉很没有面子，或者让我们不得不承担我们最害怕的结果。在这种情况下，我们的第一反应是从羞愧中逃脱出来，并将自己隐藏起来，而不是从错误中吸取教训。这也解释了为什么我们在争论中会固执己见，即便知道自己的观点根本站不住脚。人的自我是相当庞大、敏感且全副武装的，从本质上说，人的自我很像一头豪猪。

当自我觉察到危险时，它没兴趣也没时间关注事实本身。它会以最快的方式来缓解不适，甚至不惜自欺欺人，而不是去关注事实本身。所以，人会欺骗自己，因为这样才可以保证自我的安全。

人们会设法掩盖真相，转移他人的注意力；或者找一种替代方案，让真相看起来不那么伤人。此时，故意欺骗就产生了。在这些理由中，有没有哪种能经得起推敲呢？很可能没有，不过核心问题是，自我并不承认真正发生的事情，也不愿对其进行分析——自我会糊弄人。

识人 TIPS

自我觉察到危险时，会以最快的方式缓解不适，甚至自欺欺人，而不是去关注事实本身。

明确地说，你并没有事先想象或编造这些谎言，并没有打算欺骗自己，甚至不知道它们是谎言，也不知道自己在撒谎。这是一种防御机制，它是在你无意识状态下不知不觉地产生的。你并不是想欺骗自己才表现得不诚实，相反，由于人的自我通常都存在某种程度的神经质，害怕他人觉得自己很蠢或被他人知道自己犯了错，因此它会自动采取上面的这些策略。不幸的是，这是最糟糕的状态，因为这意味着你对自己的无知一无所知。

长此以往，这些由自我驱动的错误思维会影响你所有的观点，并使你为自己做的所有事情找到看似合理的借口。比如，对于自己没有入选校运动队，你可能会认为是教练讨厌你造成的；考驾照永远考不过，你可能会认为是自己的手眼协调能力"与众不同"导致的。

这些借口变成了你生活的全部事实，你依靠它们渡过了各种"难关"，并放弃了寻找真相的努力。我们谈论的问题并不是你为"自己没有成为小提琴演奏家"找借口，而是在说，这种思维方式会影响你对任何人与任何事的思考、判断和评价。

所以，如果你很难理解某个不愿承认错误的人，那么你现在应该清楚他到底在想什么了吧。他可能意识不到自己的问题，而你能更深入地分析他。

以弗雷德为例，弗雷德一直都是某流行歌手的忠实"粉丝"，并视他为偶像，可以说是听着对方的音乐长大的。弗雷德十分钦佩这名歌手，并在他的影响下建立了自己的身份认同。弗雷德卧室的墙上贴满了这名歌手的海报，衣柜里挂满了这名歌手穿过的同款服装。

然而，这名歌手在职业生涯后期犯了严重的罪行，受到了法庭的审判。得知此事以后，弗雷德坚定地为自己的偶像辩护，即便媒体已经详细地报道了从法庭记者那里得到的案件细节。弗雷德说："我如此钦佩的人，是不可能犯这种罪行的。这一切都是那些对他怀恨在心的人的阴谋。"

最终，这名歌手被判有罪，并被判处多年监禁。在宣判那天，弗雷德出现在了法院门口，手里举着一块标语，为他偶像的"清白"辩护。即便媒体最终公布了这名歌手犯罪的切实证据，弗雷德依然坚信自己的偶像绝对是清白的，并驳斥了所有受害者的说法，还认为受害者是出于嫉妒和想出名才"污蔑"他的偶像。

为什么弗雷德能不顾所有合理的证据，坚持认为他的偶像是清白的？因为弗雷德的自我完全沉浸在对那名歌手的崇拜之中，以致倾向于认为对方是无可指责的。让弗雷德相信事件的真相，无异于摧毁他所有的信仰——"我崇拜的偶像怎么可能是罪犯呢？我不相信！"弗雷德的自我绝不允许这种事情发生，他也坚决不会相信证明他的偶像有罪的证据，即便这些证据令人信服且不可动摇。

实际上，在寻求真理和厘清思维的过程中，人的自我会变得像头被激怒的豪猪一样。它会设置一系列障碍来阻碍人们学习新的知识，因为这些知识可能会扰乱旧的信仰体系。只有当人们学会控制自我以后，才能开放地学习。毕竟，人无法一边倾听他人说话，一边为自己辩护。

防御机制这个术语最早是由弗洛伊德提出来的。防御机制对自我、自尊、自豪感来说，是一种特殊的保护方式，一种心理屏障，它能让人们在艰难的时刻坚持下去，避免崩溃。而且，我们也可以用防御机制来进行行为预测，并深入了解他人行为背后的原因。防御机制有多种表现形式，但我们可以从他人身上（也很有可能从自己身上）观察到一些共通的行为模式。例如，当自我不承认或无法面对某些事情时，抑或不愿它们发生时，防御机制就会启动。

识人 TIPS

长远来看，防御机制没有任何好处，因为它剥夺了人们面对、感受和处理负面情绪的机会。

失落、不确定感、不适、屈辱、孤独、挫败、恐慌……我们可以通过采用某种心理策略来防止这些负面情绪给自己造成伤害。防御机制可以保护人们免受负面情绪的影响。这种机制在当下可以起到一定的作用，但从长远来看，它没有任何好处，因为它剥夺了人们面对、感受和处理负面情绪的机会。

当然，如果你看出某人在进行自我防御，那你可以立即推断出他本身和他所处的环境的一些情况，尤其是可以推断出哪些事情是他解决不了的。反过来，你还可以了解到他是如何看待自己的，以及他看重的是什么。

接下来，我们具体来了解一些防御机制。比如由弗洛伊德的女儿安娜·弗洛伊德（Anna Freud）提出的"否认"（denial）和"合理化"（rationalization）这两种防御机制，以及其他一些防御机制。

否认

否认是最常见的一种防御机制，因为它很好用。举例来说，假如你在工作中表现欠佳，在公司的员工排名报告中居于末位，你可能会说："不会的，我不相信这份排名报告的结果。我不可能是最后一名，绝对不可能。一定是计算机出了故障，把分数搞错了。"你直接否认结果，好像这么做它就会消失似的。你表现得好像不好的事情不存在一样。有时候，你甚至意识不到自己在做什么。尤其是在非常危急的情况下，你更容易做出类似的反应。

你会一直拒绝承认事实，并开始相信自己所认为的才是事实——这就是否认的魔力所在。当你试图"改变"事实时，其他防御机制也会"添砖加瓦"，让你更容易接受虚假的观点。否认是最危险的一种防御机制，因为有时即使出现了重大问题，也会被你忽略，永远得不到处理。比如，有人在过去的一年里发生了多次交通事故，但他仍然坚信自己的车技很好，这样的人怎么可能去重新学习来提高自己的车技呢？

合理化

合理化是指为一些不好的事情开脱。说白了，合理化其实就是找借口：不良行为或不好的事实依然存在，但由于你无法控制客观环境，所以它们是不可避免的。你给自己的底线可能是：任何不好的结果都不是你造成的，你不该为此负责。这么做的话，你的能力好像就不会被污名化。并且，为不好的事找借口是很省力的，只要你有足够的想象力。

再以在工作中表现欠佳为例，对此你可能会有以下借口：老板讨厌你；同事们密谋针对你；计算机证明不了你的软技能；你不知道会堵车，所以你迟到了；由于同时打了两份工，你的精力有限；等等。这些借口都站不住脚，你只是在保护你的自我而已。

"酸葡萄"心理就是一种合理化的体现。"酸葡萄"的说法源自《伊索寓言》中《狐狸和葡萄》的故事：一只狐狸想摘葡萄架上的葡萄，但它跳不了那么高，所以摘不到。为了安慰自己，掩盖自己跳跃能力不足的缺陷，让自己心里好受一些，这只狐狸就告诉自己，葡萄看起来很酸，所以摘不到也没有什么可遗憾的。狐狸依然很饿，但它宁可饿着，也不愿承认自己摘不到葡萄这件事。

即便做了错误的决定，借由合理化这种防御机制，你也会表现得心平气和。你可能会说："无论如何，这都在所难免。"合理化这种防御机制可以让你永远都不必面对自己的失败，不用遭遇被拒绝或被否认，因为你会认为一

识人 TIPS

即便做了错误的决定，借由合理化这种防御机制，你也会表现得心平气和。

切都是别人的错。

得到心理安慰的同时，对被谎言包围的现实或真相，人们会怎么处理呢？大多数时候，人们会将其抛诸脑后。但是被"自我保护"所支配的思想，既不清晰，也不客观。

压抑

如果说在否认这种防御机制下，一个人会不承认或完全否认坏事的发生，那么在压抑（repression）这种防御机制下，人就会不去想或不予理会那些坏事。人会选择"忘记"，就好像威胁性情绪从来没有存在过一样。以那些遭受虐待的孩子为例，这些孩子很痛苦，但又不知道该怎么办，只能选择忘记被虐待这件事，这样他们就不用解决它了。

转移

有时候，人们看起来非常反感那些很有压迫感的情绪，但自我最难接受的其实是这些情绪的来源。在这种情况下，人们会用转移（displacement）这种防御机制来保护自我不受不愉快真相的伤害。

比如，某位女士可能做着自己很讨厌的工作，但她无法离职。简单地说，她无法表达甚至不敢承认自己厌恶当前做的工作，因为这样做会让她想到自己会陷入财务困境之中。不过，她可能会把这种厌恶转移到其他地方。比如，她可能会在每天下班回家后冷落自家的小狗，或朝自己的孩子大吼大叫，就好像是小狗或孩子惹她生气似的。当她把自己的愤怒情绪撒到小狗或孩子身上时，她更容易直面由现实带来的压迫性情绪，而且需要承担的后果更小。

投射

投射（projection）也是一种防御机制，如果我们意识不到它的存在，就会导致严重的伤害和混乱。

在这种情况下，那些我们不想要的、无处安放的感受，就会被投射到他人身上或其他物体上，并且我们会认为它们和自己无关。我们不愿意面对自己的阴暗面，反而会将其投射到他人身上，并认为自身的缺点是他人造成的。

举例来说，假如有位男士出轨了，他知道自己的这种行为是不能被接受的，但他并没有自责，反而将这种羞耻感投射到不明真相的妻子身上，并开始怀疑妻子的行为，指责她对自己隐瞒了一些事情。这就是投射。

反向形成

一个司空见惯的例子是，一个处于青春期的男孩经常欺负某位女同学，多次当众贬损她，后来却被人发现他暗恋这位女同学很久了。出现这种情况，反向形成（reaction formation）这种防御机制也许是罪魁祸首。如果采用否认这种防御机制，男孩可能会直接说："我并不喜欢她。"而如果采用反向形成这种防御机制，他的言行则更进一步，会向大家宣称："我才不喜欢她，她讨厌极了。我来证明给你们看！"

再比如，一位刚查出自己得了癌症的女性可能会感到恐惧，但她不愿承认自己的恐惧，于是开始向别人展示自己多么勇敢，可能还会说出"我根本不怕死"这种话。

退行

　　还有一种防御机制是退行（regression），也就是当被负面情绪极度困扰时，人可能会"退回"到单纯的童年时期。年少时，生活很轻松，人的需求很低。为了应对生活产生的威胁而引发的情绪，许多人都会"退回"到童年时期，并表现出一些幼稚的行为。例如，当一个人因为报税操作失误而面临法律问题时，他可能不会直面问题，而是和他的会计大吵一顿，大发脾气，狂敲桌子。当他人试图和他讲道理时，他还噘起嘴来。这就是退行的表现。

升华

　　最后一种防御机制是升华（sublimation）。前面提到，转移和投射会将负面情绪转到其他方面，而升华则会为负面情绪寻找不同的、更容易被接受的出口。比如，某位单身男士无法忍受独自在家的孤独，为了转移自己未得到满足的需求，他可能会选择每周四晚上投入慈善工作中。再比如，某位女士听说了一些坏消息，但她并没有难过，而是回到家，并开始大扫除。此外，有的人会习惯性地在面临恐慌和焦虑时不断祈祷，等等。

　　自我防御是一种具有伤害性的习惯，一旦我们知道它们暗中存在时，就很容易辨认出来。不过有时候，我们也无能为力，毕竟我们都是普通人。其实，我们可以发挥自己的优势，把它当作一种明确的线索来解读他人。

向上社交提升指南

如何准确领会他人的意图？

我们在工作、生活和感情中，常常因为不能准确领会他人的意图而造成做事成效不佳、伤害感情乃至蒙受巨大损失的后果，而要真正领会他人的意图，一切都要从其源头——动机说起。从心理学角度来说，我们可以从内在阴影、内在小孩、快乐原则、需求层次、自我防御五个方面来洞察一个人的行事动机。

- 基于马斯洛需求层次理论，我们可以从一个人的生理需求、安全需求、爱与归属需求、尊重需求、自我实现需求 5 个方面，准确捕捉他的意图和行事动机。

- 为了保护自己不受外界的伤害，我们会在某些情况下启动自我防御机制，自我防御机制主要有以下 8 种：否认、合理化、压抑、转移、投射、反向形成、退行、升华。

READ PEOPLE LIKE A BOOK

第 2 章

诚实的身体，揭示关于对方的
一切信息

忽略他人身体传达的语言，
就会错过与其交流中的大部分信息。

有种观点认为，人们会不自觉地通过各种各样的方法来表露自己真正的意图和感受。这种观点很有说服力。老话说"行动胜于言辞"，一个人内心深处的自我会通过他的面部表情或肢体语言在不经意间透露出来。事实上，我们几乎每时每刻都在与他人进行交流，向他人传递自己的意图和感受到的信息，但只有一小部分信息是通过言语传递的。

说到分析他人，我们通常想到的是实时观察他人的行为。通过观察他人，我们就能凭直觉猜测对方在想什么。这好像是件很自然的事，而且有大量科学证据支持这种说法。我们可以通过一个人的外在表现来了解他的感受和动机，因为人的身体很难撒谎。

不过，用这种方法来了解他人的感受和动机并不能做到万无一失。所以，当我们与他人互动，并试图了解对方的感受和动机时，要谨慎地做出假设，因为每个人都是不同的个体，有着不同的生活背景。虽然我们可以用各种方法来解读他人的面部表情和肢体语言，但需要记住的是：首先，只凭单一信息无法"证明"任何事；其次，要想用这种方法解读他人，必须对呈现在我们面前的场景进行全景式观察。

面部表情，读懂情绪的利器

20 世纪 60 年代，心理咨询师欧内斯特·哈格德（Ernest Haggard）与肯尼思·艾萨克斯（Kenneth Isaacs）在对一些伴侣进行共同治疗时，拍摄了这些伴侣的面部表情，结果发现了一些只有慢速拍摄才能捕捉到的细微表情，即"微表情"（microexpression）。后来，保罗·埃克曼（Paul Ekman）对微表情理论进行了拓展，并出版了《说谎》（*Telling Lies*）一书。

我们都知道该如何解读"宏表情"（macroexpression），即那些至少能维持 4 秒的面部表情。而对于一些稍纵即逝的面部表情，没有经过训练的人很容易忽略它们，因为这些表情消失得实在太快了。埃克曼认为，面部表情实际上是一种生理反应，即使周围没有任何人，人们也可能做出某些面部表情。他发现，在不同的文化中，人们会用能被他人预测的微表情表露自己的情绪，即使他们试图隐藏这些情绪，甚至有人都没有意识到自己脸上出现了这些微表情。

埃克曼通过研究发现，微表情是由某些肌肉群自发地进行微小收缩而形成的，这些肌肉群与情绪有关，而且无论成长经历、家庭背景或文化期待有怎样的差别，这个结论应用到所有人身上都是成立的。微表情可以在 1/30 秒内发生变化。观察这些表情并理解其含义，可以帮助我们越过表层言语，深入了解他人的感受和想法。相对而言，宏表情可能是被迫做出的或夸张变形的；微表情则更加真实，很难伪装，还可以反映人们试图隐藏或转瞬即逝的情绪。

识人 TIPS

宏表情可能是被迫做出的或夸张变形的；微表情则很难伪装，可以反映人们试图隐藏或转瞬即逝的情绪。

大脑中有两条神经通路与面部表情有关。一条是锥体束，负责控制自愿表情，即大多数宏表情；另一条是锥体外束，负责控制非自愿表情，即微表情。研究人员发现，经历过严重情绪事件的人，在受到外部压力而需要控制或隐藏相关表情时，其大脑中的这两条神经通路会被同时激活。这表明，这两条神经通路此时正在进行对抗，而相比非自愿表情，有意识的自愿表情占据了主导地位。不过，此时一些因真实情绪而产生的微表情也可能会被泄露出来，这些微表情是解读他人的关键。

那么，究竟该如何解读这些表情呢？难道仅靠观察他人是否抽动鼻子或皱眉，就能知道他们内心深处的感受吗？

埃克曼指出，人类共有 6 种基本情绪：快乐、愤怒、厌恶、恐惧、悲伤、惊讶。这些情绪各自都有相应的微表情。当一个人感到快乐时，其两颊和嘴角肌肉通常会上提，眼睛下方、上嘴唇和鼻子之间以及外眼角会出现皱纹。换句话说，人在微笑时出现的肌肉活动，在快乐情绪对应的微表情中同样存在。

此外，悲伤的情绪也能从一个人的微表情中流露出来：外眼角和嘴角会下垂，下嘴唇甚至会颤抖，眉毛可能会形成"八"字形。当一个人产生厌恶的情绪时，他会抬起上唇，可能伴随噘嘴和挤出抬头纹，同时还会抬高脸颊肌肉，微微眯起双眼。当感到愤怒时，人会蹙眉并压低眉毛，下拉眉角；瞪圆眼睛，怒目而视，噘起嘴巴或僵硬地张着嘴巴。当感到恐惧时，人也会有类似的表情，但嘴角通常是向上的，无论是张嘴还是闭嘴，嘴巴都是紧绷的，同时上下眼睑会向上抬。当一个人感到惊讶或震惊时，抬高的眉毛会形成弧形而不是悲伤时的"八"字形，同时上眼睑向上抬，下眼睑向下伸，眼睛瞪得很圆，有时，嘴巴还会不自主地张开。

由此可知，微表情与宏表情在调动脸部肌肉方面并没有太大的区别，主要区别在于速度。埃克曼发现，脸部肌肉收缩的速度非常快，以至于一些微表情经常被忽略，99% 的人感知不到它们。尽管如此，埃克曼仍然认为，人们可以通过训练来发现微表情，尤其可以用来识别说谎者。一个经典的例子就是"言语和感受不一致"。

埃克曼声称，他能在 32 小时内把自己识别他人面部表情的技能教授给他人。实际上，对大部分人，尤其是那些对如何在生活中使用这些技能感兴趣的人来说，应用这些技能其实是很容易的。首先，要找出话语和面部表情透露的信息与实际信息之间的差异。举例来说，有人可能口头上向你做出了保证和承诺，但他的真实想法很快会通过脸上的恐惧表

情暴露出来。其他典型的欺骗性线索还包括：在坚定地声称
自己说的是真话时，微微耸肩。此外，摸鼻子、把头侧向一
边、不敢进行眼神接触、说话吞吞吐吐以及坐立不安，同样
能表明一个人的内心想法和外在表现不一致，也就是说，对
方可能在说谎。

 识人 TIPS

摸鼻子、把头侧向一
边、不敢进行眼神接
触、说话吞吞吐吐以
及坐立不安等迹象表
明对方可能在说谎。

再次提醒，这种方法并非万
无一失，而且大多数研究并没有发
现足够的证据，用以证明肢体语
言、面部表情与说谎之间存在密切
关系。单凭一个手势证明不了任何
事。很多心理学家也指出，通过微
表情的差异可以发现他人是否身体
不适、紧张、有压力或焦虑，但不
足以判断对方是否在说谎。

不过，如果将微表情分析与其他工具一起使用，并把它
出现的情境考虑进来，这种方法就会很有用。当然，你需要
专注地盯着被观察对象。此外，你还要屏蔽大量不相关的信
息，同时区分出哪些肢体语言属于"噪声"，或仅仅是他的
日常习惯。

　　无论如何，如果缺乏必要的训练，即便对自己的直觉
很有信心，相信自己能分辨出他人有没有说谎，人们也很
难识别出他人的谎言。这意味着，在理解和应用微表情理
论时，即使准确性仅仅略有提高，对辨别他人的谎言也会
大有裨益。微表情也许微不足道，但仍然是我们识别他人
谎言的有力抓手。

　　对于以上提到的识别谎言的所有技能，很多人可能会认
为，运用这些技能会让人显得尖刻、卑鄙。但埃克曼谨慎地
指出，通过识别谎言和欺骗来揭示他人隐藏的情感，背后不
一定存在恶意。对很多人来说，探查并揭露他人内心深处的
想法是一种巨大的诱惑。此外，培养微表情分析能力并不是
为了和朋友或同事玩"抓到你了"这种游戏，而是为了增强
我们的同理心，提高情商，从而更容易理解他人。

　　如果你不相信通过微表情可以识别他人有没有说谎，不
妨从另一个角度来考虑：不主动去辨别对方有没有说谎，也
不用通过其表情持续的时间来区分微表情和宏表情，而是把
注意力集中在其表情传达的信息上。这样，你可以根据谈话
背景以及表情和言语的差别，得出自己的结论。

举例来说，人通常会用一些动作来掩饰自己的紧张，比如抿嘴或嘴角向耳朵方向抽动。如果某人的嘴唇或下巴颤抖，眉头紧皱，眼睛眯起来，就说明他感到紧张了。如果一个和你很熟的人，平时比较镇定、沉着，但当他告诉你一件不太可信的事时，你发现他出现了上述一些迹象，这时你可以推测：出于某种原因，在告诉你这件事时他感到很紧张，也就是说，他可能在说谎，或者他觉得这件事会让你感到不适。这时候，你只能根据你们谈话的背景来做进一步的判断。

当某人觉得厌恶或不认同某件事时，他可能会紧闭嘴唇、不停地翻白眼并眨眼，或者皱鼻子；他也可能眯起双眼，就像动画片里的恶人盯着英雄那样；他还可能闭上双眼，带着轻蔑的表情冷笑。举例来说，如果你的一个朋友在打开你送给他的圣诞礼物后，脸上马上浮现出上述表情，你会明白他不太喜欢你的礼物，虽然他嘴上说着自己很喜欢。

压力大的人可能会通过一些不太起眼的方式来解压，虽然他们在大多数情况下看起来相当镇定，但也会露出马脚。比如在某个特定的情况下，一个人不自主地快速眨眼，抽动脸颊，沉默不语，或者时不时地用手指抓抓脸等，就说明他很紧张。当一个人在参加面试或被问及与犯罪有关的问题时，他这么做可能是正常的。不过，如果在相当平静的情形下，你观察到某人有这些行为，那就要引起注意了，这很可能表明你看到的一切并不像你想的那么简单。

此外，还要留意他人左右脸的面部表情是否一致。通常来说，如果一个人自然、自发且真实地表达自己的情感，那么他左右脸的面部表情就是一致的。而如果一个人是被迫地、假惺惺地或不情愿地表达自己的情感，他左右脸的面部表情往往会是不一致的。再次强调，一定要结合谈话背景来解读他人，并且不能只观察对方的表情，还要将他整个人的所有行为，包括他的肢体语言考虑在内。

识人 TIPS

自然、自发且真实地表达情感时，左右脸的面部表情是一致的。

记住，分析面部表情是理解他人的有用方法，但这种方法并非万无一失。你观察到的每条信息只是一个数据点，它本身证明不了什么。因此，要想使用这种方法，仅靠一两个迹象是远远不够的，需要收集尽可能多的数据，然后从整体上解读他人。因此，最理想的方式就是把微表情分析作为解读他人的一种辅助工具来使用。

肢体语言，讲述未言明的意图

肢体语言和面部表情一样有用，可以以此对他人进行解读。在解读肢体语言方面，美国联邦调查局原特工兼审讯专家乔·纳瓦罗（Joe Navarro）被普遍认为是这个领域的权威，他曾经将自己的经验传授给他人，教会人们如何在别人未开口的情况下获得大量信息。

纳瓦罗原本住在古巴，8 岁搬到美国后不得不学习英语。就在那时，纳瓦罗突然意识到，人体就像"一块展示一个人内心想法的广告牌"。在后来的职业生涯中，他详细谈论了自己是如何发现他人的"暗示"的，即那些能表明某人感觉不适、充满敌意、身心放松或感到恐惧的小动作。和面部表情一样，通过解读这些暗示，人们可能知道一个人是否在欺瞒或说谎，但最主要的作用还是发现对方是否感觉不适，或者对方的言语和传递给他人的感觉这二者之间是否存在差异。了解肢体语言的特征以后，我们不仅可以掌握与他人交流的新方式，还可以对自己的肢体动作保持警醒，并发现自己可能在无意中传递出的信息。

很重要的一点是，非言语交流是天生的、生物性的，是进化的结果。我们对某些事的情绪反应像闪电一样快，而且无论我们愿不愿意，这种反应都会自发形成。这些自发反应是由大脑的边缘系统控制的，边缘系统是大脑中更原始、更情绪化或许也更"诚实"的部分。大脑的前额叶皮层也负责控制"说谎"这一行为。因此，即便某人口中说的是另一回事，但他的身体总会泄露真相。

一个人的情绪会通过身体表达出来，并传递出非常多的非言语信息。如果我们专注于观察一个人的手势、姿势、触摸方式甚至穿着，就能更直接地了解他的真实想法和感受。纳瓦罗指出，人与人之间的大部分交流都是非言语交流。这意味着，忽略他人的肢体语言，就会错过与其交流中的大部分信息。

 识人 TIPS

忽略他人的肢体语言，就会错过与其交流中的大部分信息。

让我们追溯到语言还未出现的人类历史早期，在那时，人们是通过手势、简单的声音和面部表情来交流的。并且，从出生那一刻起，婴儿会本能地通过表情来表达自己的感受——寒冷、饥饿或恐惧。当时的人们根本不需要学习如何解读他人的基本手势或理解其语音、语调，因为他们最初的交流方式就是非言语交流，而且它可能仍是当今人们的首选。

我们已将非言语交流视为理所当然的一件事，比如我们表达爱意或表达愤怒的方式就包含很多非言语交流。即使意识不到，我们仍然通过非言语交流处理了大量信息。一旦学会解读这些信息，我们就能分辨出某人是否在说谎，或者知道他是否在隐瞒自己的内心感受和真实意图。

你可能听说过或战或逃反应（fight-or-flight response），除此之外，其实还有另一种反应，即冻结（freeze）反应。人在面对危险时做出的这些反应，可能不容易被察觉到，但仍然能揭示人的不适或恐惧。我们的祖先在躲避掠食者或敌对部落时，可能会本能地表现出或战或逃反应，而这种本能反应也可能出现在其他场景中，比如在开会或上课时。

这些反应同样主要受大脑的边缘系统控制。例如，当某人身处窘境或被问到一个很难回答的问题时，他很可能会表现得像一头被车灯照到的鹿：四肢僵硬，身体无法动弹，这就是冻结反应。当然，他也可能让身体远离有威胁性的事物，比如可能将身体朝向出口方向，做出逃跑反应。当然，也有人可能会选择"战斗"，这种应对恐惧的积极反应可能表现为挑起争论、言语争吵或展示威胁姿态等。

事实上，如果能更好地理解非言语信息，你也许就能体会到，它深深根植于人体，并且反映了人类的进化历程。在过去，人们可能会通过某些手势来抵御攻击，或用明显的动作和表情去攻击他人。如今，人们则更害怕言语和思想上的威胁。

再来聊一聊所谓的安抚行为（pacifying behavior）。安抚行为能让人更好地应对压力、不确定性或恐惧。从本质上说，安抚行为就是人在面对威胁时，无意识地进行的一种自我安慰行为。当一个人感到压力时，大脑的边缘系统可能会强迫他做一些让他平静下来的小动作，比如抚摸前额、揉摸脖子、摆弄头发或扭动手腕等，以此来缓解压力。

颈部是一个相对脆弱的部位，通常都暴露在外，很容易受到致命的攻击。所以，人们无意识地遮盖或抚摸这个部位，实际上是在表达挣扎、不安或缺乏安全感的情绪。男性可能比女性更频繁地使用这些手势，比如摆弄领带或触摸脖子，女性可能会将手指放在胸骨上的切迹处（两侧锁骨之间的凹陷部位），或不安地摆弄项链。

多加留意就会发现，这些行为可以实时反映某人的恐惧感和不安全感。比如，当甲说了一些咄咄逼人的话后，乙身体微微后倾，双臂交叉，同时用一只手摸自己的喉咙。据此可以推断，甲发表的"特别声明"让乙产生了恐惧和紧张感。

类似地，如果某人来回摩擦或触摸前额或太阳穴，可能意味着他情绪低落或不知所措。如果某人用手指快速地敲东西，可能意味着他当下很有压力。如果他一直双手抱头，则可能表示他非常痛苦。当某人感到紧张或害怕时，他可能会摸脸、擦嘴或舔嘴唇、揉耳垂，又或者捋头发或胡须。事实上，可以将拥抱、抚摸或摩擦等动作都视为一个人需要自我安抚的生理线索。

识人 TIPS

如果某人来回摩擦或触摸前额或太阳穴，可能意味着他情绪低落或不知所措。

安抚行为不局限于抚摸或摩擦等动作。鼓起脸颊，然后大口呼气，也是释放压力的一种方式，如很多人在听到坏消息或侥幸从事故中脱身后都会这么做。另一种令很多人想不到的释放压力的行为是打哈欠。此外，腿部清洁（leg cleansing）行为，即用手擦自己的腿，也是一种安抚行为，这个动作就像洗刷或清理腿上的灰尘一样。如果你注意到某人在这么做，就应该知道这是一种强烈的信号，表明对方很有压力，需要舒缓一下。

透气（ventilating）也是一种安抚行为，通常可能不太引人注意：人们会解开衬衫的领子，或将头发从肩上撩开，好像希望凉快一点。事实上，他们当下可能感到不适或紧张，希望借透气这种安抚行为来缓解内心的紧张和压力。

安抚行为最常见的形式之一，是像母亲在抚慰自己的孩子时会做的那样：环抱自己或摩挲自己的双肩，像是在抵抗严寒。这些行为表明，人感到了威胁、焦虑或不知所措。而这些举动都是人无意识地进行自我保护的行为。

所有关于肢体语言的理论都包含一个重要的基本原则：一个人的肢体动作和手势可能暗示他是否在无意识地进行自

我保护和自我防御。由于人体大部分的重要器官都在躯干中，因此很容易理解为什么大脑的边缘系统在感知到威胁甚至情绪威胁时，会做出反射性反应来保护躯干。

如果一个人特别不想理会他人的请求，或感到自己受到了攻击或批评，那么他可能会交叉双臂，好像在说："走开！"再比如，在和他人争论时将双臂举至胸前，这是一种典型的阻断别人讲话的手势。类似地，如果一个人垂下或松开手臂，可能表明他失败了或者感到失望或绝望。他的身体好像在说："我做不到。我不知道该怎么办。我想放弃。"

想象一下，假如有人正站在办公桌前，双臂敞开。你是否马上会想到"动物在宣誓自己的领地"这一场景？通常来说，扩张的手势往往传递出一种自信、确信甚至占据主导权的信号。如果一个人双手叉腰站立，他的躯干就会完全暴露在外，这是一种充满力量感的姿势，表明这个人有信心控制局面，且不担心自己会受到威胁。

识人 TIPS

扩张的手势往往传递出一种自信、确信甚至占据主导权的信号。

其他传达自信和确信信号的手势，还包括很多政客和商人最爱的一种——双手指尖相碰（hand steepling），就是将双手指尖相互触在一起，形成一个小尖顶状的手势。这是一种经典的谈判手势，表明一个人对自己的权力和地位充满信心，镇定自若，就像只是在放松双手，并冷静地思考下一步该怎么做。

相对来说，拧手和搓手则可能意味着一个人缺乏控制感或对自己的能力比较怀疑。这也是一种释放紧张情绪的安抚行为。双手是我们改变世界和采取行动的工具。比如，我们在坐立不安时会拧手或握拳，这表示我们对自己的能力或要做的事缺乏信心。

双腿和双脚也能透露很多信息，但经常被忽视，因为它们通常都藏在桌子底下。比如，如果一个人很快乐，他会跳来跳去，双脚晃来晃去（"快乐的双脚"）。而如果一个人走来走去（"活跃的双脚"），同时还表现出其他紧张或自我安抚行为，可能表明他过度紧张、精力充沛、不

识人 TIPS

拧手和搓手可能意味着缺乏控制感，或比较怀疑自己的能力。

耐烦，或喝了太多咖啡等。再比如，如果一个人脚趾向上跷起（"微笑的双脚"），那就表明他积极且乐观。

从生理上来讲，一个人的腿和脚都与运动有关。忙碌的双脚可能暗示着一种未表达出来的想要动起来的愿望，无论是字面上的意思还是比喻义。也有人说，一个人的双脚会无意识地朝向他想去的方向。如果某人把双脚都转向谈话对象，那就表示"我同意，我在听"，而如果他的双脚指向出口方向，则表示他想离开。

其他暗示某人想要行动、离开或逃跑的姿势还包括双手握膝、前脚掌上下摆动，或站立时脚不停地颠。这些姿势都在隐约地传达一种信息，即这个人的潜意识已经"发动引擎"，想要离开。这也意味着，他知道自己可能会达到目的，并为此感到兴奋，希望尽快行动；又或者他可能非常厌恶当下的环境，很想逃离。所以，语境很关键。

此外，腿和脚还可以透露出负面情绪。假如一个人交叉双腿，就像交叉双臂那样，就表示他想把自己封闭起来或想保护自己的身体，以免自己受到威胁或感到不适。人们通常会将双腿朝向自己喜欢和信任的人，远离自己不喜欢和不信任的人。同时，双腿可以用来当作一种屏障物，既可以阻挡他人，也可以迎接他人。另外，当一个人向他人展示自己的腿和脚时，表示他和对方在一起时感到舒适或亲密。而当一个人确实不喜欢某个环境或某人时，他会"锁住"自己的脚和脚踝，这也是一种冻结反应。

 识人 TIPS

交叉的双腿通常朝向自己喜欢和信任的人，远离不喜欢和不信任的人。

到目前为止，我们谈论了面部、手、躯干、腿和脚，还有其他部位可以解读吗？实际上，还有很多部位可以拿来分析。身体是一个整体，它离其他人的距离远近也能透露出很多信息。如果你遇到新认识的人，不妨走近一些和他握手，然后观察他整个身体有哪些反应。如果他一直"坚守阵地"，待在原地不动，说明他对当前的环境、对你以及对自己都感到很满意。如果他稍微往后退，或者将躯干和下肢一同转向一旁，说明你离他太近了，让他感到不适。如果他向前走一步，则说明他乐意和你接触，甚至想进一步和你发展关系。

很明显，身体有自己的原则：如果人感到舒适、愉悦或

识人 TIPS

如果人感到舒适、愉悦或在一段关系中占据主导地位，身体就会很舒展。

在一段关系中占据主导地位，身体就会很舒展。如果人感到沮丧、恐惧或威胁，身体就想蜷缩起来。另外，身体会趋近其喜欢的事物，远离其不喜欢的事物。当一个人靠近另一个人时，表明他认同对方，对方让他感到舒适、安逸，也可能表示他对这个人感兴趣。

相反，如果他环抱双臂、转开身体、身体后倾，或者双腿紧紧交叉，则表明他无意识地想要远离自己不愿面对的事物，也可能是为了自保。

那么，我们该怎么理解那些在公共交通工具上四肢摊开而坐的人的行为呢？实际上，这些人通常感到很放松、很安全、很自信。而那些很拘谨的人通常缺乏自信和魄力，总是试图占据更少的空间。同理，如果一个人在和他人争论时，抬头挺胸，双臂外展，并表现出咄咄逼人的气势，那么他实际上在表达："你们看我多厉害！"而如果一个人耸起双肩，龟缩起来，他则在用身体语言表达："请不要伤害我！我很弱小。"

当然，人不会像丛林中的大猩猩那样在争执到激烈之时捶胸顿足，不过，如果仔细观察，你很可能会在人类身上发现这种原始行为的细微线索。通常，那些占据更大空间、向外扩张的姿势都与支配、果敢和权威有关。双手叉腰、双手庄严地握在身后，身体向后靠在椅背上、双手背在脖子后，这些都是表示舒适和占据支配地位的行为。

在观察他人的肢体语言时，首先要确认对方的动作、手势和姿势是舒展的还是蜷缩的。比如，他的脸是放松的还是皱起的？他的四肢是舒展放松，还是拘谨收缩的？他的面部表情是舒展的，还是紧绷的？他的下巴是抬得高高的（表示自信），还是后缩的（表示不确定）？

如果你无法用言语来描述自己看到的，可以只着重观察一点：对方是全身放松且舒适的，还是有些紧绷、紧张或不安的？

我们其实很善于解读非言语信息，因为很多肢体语言都是相当直观的。上文提到的做法只不过让我们暂时不去强调言语，而去注意在人们之间不断流动的大量非言语信息。更确切地来说，这是一个打开信息渠道的方式，只不过我们从未被教导过要注意这方面。

特定举止就是他人对你的真实态度

那么，我们如何利用前面提到的方法，更好地解读他人，甚至理解他人试图隐藏的动机、意图和感受呢？对此，需要牢记的一点是，识别他人的谎言并不简单，而且正如前文提到的那样，并不存在一种能让我们一劳永逸地识别谎言的迹象的方法。众所周知，无论是外行人还是专业人士，虽然已经掌握了大量有关肢体语言的知识和信息，但都有可能仍然不擅长解读他人的肢体语言。

不过，仔细观察以后，你就知道如何处理自己看到的迹象了。比如看到某人双臂交叉，你就可以思考：他是在说谎，还是对某件事感到气愤或恐惧，又或者仅仅是因为他觉得冷才这么做的。当你做判断时，不能只考虑一两个方面，而应该全面考虑，这样才能对对方的行为模式有整体的了解。我们很难准确地识破他人的谎言，因为表示欺骗或谎言的手势和表情与表示压力或身体不适的手势和表情并没有多大的区别。

既然如此，还有必要继续学习如何解读他人的肢体语言吗？绝对有必要。当你和他人互动时，如果有相关的知识储备，那么你和对方的关系就容易变得更好，而且你也更容易理解人际关系中出现的冲突或紧张状态。当你了解了对方的真实情绪后，你就知道如何与对方进行有效沟通了，并且能针对对方的真实感受展开谈话，而不再只关注对方说的话。

实际上，肢体语言一直在传递信息，每个人每时每刻都在进行非言语交流。如果我们能解读他人的肢体语言，不仅可以实时观察到非言语交流传递出来的信息，而且还能学习如何准确整合和解释这些信息。我们不用变得多么优秀，也不用成为这方面的专家，只需要以一种自己以前没试过的方式，带着好奇心留意他人即可。在培养肢体语言解读技巧时，牢记以下几个关键原则会很有帮助。

了解日常行为

在谈话中，一两个偶尔出现的手势没有多大的解读意义。它们很可能是偶发的，或纯粹就是一种生理反应。你对一个人的日常行为了解得越多，就越容易明白除此之外的其他行为都需要仔细观察。例如，如果一个人总是眯着眼、噘着嘴、抖着脚或清嗓子，那就不用过多关注他的这些行为了。

留意不寻常或不协调的行为

解读他人其实就是解读他人的行为模式。因此，要格外留意他人的不寻常举动。例如，如果一个人突然不停地拨弄自己的头发，不敢和他人进行眼神交流，尤其是在他平时未有过这种行为的情况下，可能表示他遇到了一些事情。慢慢地，你可能会发现最亲近的人的一些"秘密"。比如，当他们说谎时，总是会皱鼻子；当他们感到害怕时，可能会一个劲儿地清嗓子，并假装自己不害怕。

另外，还要格外留意那些看起来不协调的手势和动作。言语交流和非言语交流有很大的不同，解读他人不能仅停留在单纯观察非言语交流上。假如某人一会儿搓手，一会儿揉太阳穴，还大声叹气，却声称"我没事，一切都很好"，那么重点不在于他的行为表明他在掩饰自己的痛苦，而在于他的行为和言语相互矛盾。

收集尽可能多的信息

我们已经了解到，某些蜷缩行为可能仅表明一个人感到很冷或感觉疲倦，当然也有可能是他生病了。而舒张行为并不能表明某人很自信，更有可能表明他感到很热，想通过这种方式让自己凉快凉快。所以，千万不能只通过观察一个动作来解读他人。在解读他人之前，要掌握足够的信息。

当你看到某人做出一些行为时，先记下来，但不要立刻得出任何结论。继续观察，看看他是否还会这么做。另外，留意对方其他可能证实你的想法的动作，你甚至可能据此得出相反的结论。然后，确认他在和其他人一起或在其他情况下是否也会做出同样的动作。最后，花些时间仔细分析他的所有行为。

留意模仿行为

有一点需要牢记：在某些情境下或向某人展示时，一些动作可能表示某种含义，而在另一些情境下或向另一个人展示时，它们可能有另一种含义。换句话说，在和特定的人交谈时，某些动作才有特殊含义。例如，假如你和某人不熟，你可以用一种捷径来快速解读对方的肢体语言，就是观察他是否在模仿你的动作，无论是哪种动作。

模仿是人类的一种本能。人们倾向于模仿那些自己喜欢或认可的行为和表达方式，而如果人们不喜欢某人或对待他的态度很消极，人们就不会模仿他。

 识人 TIPS

人们倾向于模仿那些自己喜欢或认可的行为和表达方式。

举例来说，假如你正和一个新客户商谈，你可能会遇到以下这种情况：无论你的语气有多么友好，无论你微笑得多么殷切，无论你做出多么热情、开放的手势，对方都表现得很冷淡、漠然，而且从来不积极回应你。在这种情况下，你的动作本身无关紧要，实际上，对方不想回应你可能是因为他不认可你或对你心存敌意，又或是他感受到了威胁。

留意能量流向

不妨稍微留意一下，在一个团队中，哪些人汇集了团队的期望、努力成果和注意力，他们就是团队的能量流向所在。有时，团队的"领导者"只是名义上的，真正的权力可能掌握在另一个人手上。这一点并不难理解，不妨想一想，比如在一个房间里，人们的注意力和关注点通常都会"流向"婴儿。婴儿几乎不用说话，也不用做任何事，就能吸引在场所有人的注意力。再比如，在家里，父亲可能看上去是一家之主，他可能会通过特定的动作或大声说话来巩固自己的形象。但留意一下就会发现，父亲可能处处都会顺从母亲的意愿，而且所有家庭成员的肢体语言都表明母亲说的话最有分量。

所以，在任何场合，最有分量的声音不一定是最响亮的。通过观察能量流向，可以更好地理解团队中的权力动态。比如，谁说的话最多？大家总是和谁说话以及说话方式是怎样的？谁似乎总是站在"舞台中央"？

识人 TIPS

观察能量流向，可以更好地理解团队中的权力动态。

关注动态的肢体语言

言语不仅关乎词汇和语法，而且与说的方式有更重要的关联：是滔滔不绝，还是沉默寡言？说话的语调如何？说的句子是冗长复杂的，还是简洁明了的？是试探性的语气，好像问问题一样，还是坚定的陈述语气，好像大家都知道一样？说话速度如何？音量如何？口齿清晰还是含糊不清？

言语信息在交流过程中会发生变化，非言语信息也一样。人的动作并不是一成不变、静止不动的，而是会随时空一同变化的灵活表达。在交流中要实时观察信息的流向，留意动作是如何随环境以及环境中的事物而变化的。另外，不要只停留在捕捉某个细微的动作上，应该重点关注动作的变化模式。

可以观察一个人在走路时动作的变化模式，走路是一种处于运动中的身体姿势。假如一个人步伐缓慢，可能表明他缺乏信心；如果他走得很有气势，且速度很快，可能表明他很乐观，很兴奋。还可以注意观察一个人在谈话时是如何回应他人的，以及他在与有权势的人交谈时的回应方式是什么样的。通过观察你会惊奇地发现，原来有如此丰富的信息值得注意。

关注语境

最后要提醒的是，任何动作不会凭空出现。非言语交流也要像言语交流一样，考虑到它与其他事物之间的关系。在不同的环境下，针对不同的人，人会采取不一样的行为模式。此外，还要考虑当下的情形和环境。例如，一个人在婚礼上念结婚誓词或接受重要采访时不停地冒汗或有些结巴，这是可以理解的；但如果当他被要求解释为什么要偷看别人的抽屉时，他还不停地出汗和结巴，那就很可疑了。

需要记住，每个人都有自己独特的人格特质。在分析他人的行为时要考虑以下事实：一个人可能很内向，也可能很外向；可能重视情绪，也可能重视智力；对风险和逆境的耐受度可能很高，也可能很低；在有压力的情况下，可能干劲十足，也可能意志消沉；行为可能是自发的、随意的，也可能是有目的的、严肃的。有些冲动是人类的本能，是经过进化发展出来的程序性行为，人无法隐藏或抑制这些本能。但由于每个人的个性不同，它们可能会有不同的表现形式。

不可否认，要想掌握解读他人的面部表情和肢体语言的技能，需要花时间练习，还要有耐心。想要知道他人的深层动机是没有捷径可走的。不过，牢记上文提到的方法，用心培养自己的观察力，我们很快就能够掌握一些诀窍，能够看到和理解之前可能忽略的他人行为的微小波动和细微变化。我们生活在一个由文字和言语主导的世界中，但当我们掌握了非言语交流以后，毫不夸张地说，我们将会看到一个完全不同、有时甚至感觉非常陌生的世界。

声音信息，一个人的全部潜台词

很多人都听说过一句富有统计学意味的话："90% 的交流是非言语交流。"而事实上，言语和非言语，媒介和信息，在绝大多数情况下是很难分清楚的。

在前面的章节中，我们详细地介绍了如何解读他人，以及解读对方有意识地传递的信息之外的内容。换句话说，我们并非简单地倾听他人传递的言语信息，而是在用心倾听他们的一切，好似他们的身体就是用来解读和分析的。

在前文讨论识别谎言或隐藏真实情感的部分，我们曾假设一个人的内在特质总会以某种外在形式表现出来。因为我们会本能地认为人是一个整体，也就是说，言语和非言语实际上就是同一件事情的不同方面。那么，抽象的言语和说出言语的身体部位——嘴唇之间到底有什么关联？由身体做出的动作和身体本身之间的关联又在哪里？

这听起来好像很抽象，不过，现在有一项有趣的研究支持这种观点：交流作为一个整体，可理解为一种人类的完整表达。你有没有过这样的经历：给朋友打电话时，你马上就能知道他是不是在微笑？电话呼叫中心的管理人员会告诉员工，电话另一端的听众能够"听出"服务人员是不是在微笑。不过话说回来，你认为这到底是不是真的呢？

众所周知，声音并不是一种抽象符号，而是真实存在的、人体行为反应的一部分。2020 年，拉德堡德大学唐德斯研究所（Donders Institute of Radboud University）的研究人员威姆·普（Wim Pouw）在《美国科学院院报》上发表了一篇文章，介绍了他的一些有趣的发现。威姆·普对大众习以为常的一个话题很感兴趣：动作和面部表情有助于人们更好地理解交流内容。事实上，动作对人们理解信息确实至关重要。

在一项实验中，威姆·普先让 6 个人发出简单的声音（如"啊"），且要求他们在发音时搭配不同的手臂姿势和动作，并将这些声音录下来。接着，威姆·普让其他 30 名被试只听这些声音的录音。令人惊讶的是，被试竟然能猜出声音搭配的动作是什么，甚至能模拟这些动作。他们可以说出某个动作是什么样的，何时出现的，甚至可以说出这个动作的速度有多快!

 识人 TIPS

当我们听到某人发出的声音时，其实也"听到"了来自他身体的多方面的信息。

这究竟是怎么回事？威姆·普得出的结论是，人们能无意识地察觉到，伴随不同动作的声音的细微变化，包括速度变化。当人们做某个动作时，整个身体和声音都参与其中。换句话说，当我们听到某人发出的声音时，其实也"听到"了来自他身体的多方面的信息。

我们在说话时，声音会在身体的所有结缔组织中产生振动。如果身体的其他部位做出某种动作，会导致肌肉张力改变，我们就会听到声音的微小变化。这是人类的一项特殊技能，不需要进行训练，只需多加留意即可。很多人可能从来没想过在打电话时练习解读肢体语言这件事。其实，只要明白了声音会使身体的一部分发生变化，这一点就很容易理解了。

实际上，声音本身也是行为研究的一个重要方面。

当你听到一个人在另一个房间说话，或听到他在录音中的声音，或和他打电话时，不妨闭上眼睛，想象他正在做什么，以及他的身体姿势或动作可能意味着什么。

毫无疑问，人们可以通过声音"听出"对方的年龄和性别，也可以通过对方口音或用词来推断其种族或国籍。

听他人说话时，要留意对方的语速、音色、音量、音高和他对声音的控制程度。另外还要注意，对方的呼吸频率如何，对方说的话和说话方式是如何相互影响的。

例如，当你和某人打电话时，他可能会告诉你，他对某件事感到多么兴奋，但他的声音听上去却缓慢而慵懒，这可能表明，他当下无精打采，他大大夸大了自己的兴奋程度。

行为模式即性格倾向

接下来要介绍的，是如何从他人整体的行为模式来理解其行为。举例来说，假如某人总是对他人充满敌意并十分好斗，那这种态度和意图就会影响他的很多方面：从言语到行为，从面部表情到声音。面对这样的人，你必须把他具有攻击性的行为模式考虑进来，而不能只去思考他当下为什么攻击你。

诸如此类的行为模式还有很多，比如果断性和顺从性等，只有预先对他人的行为模式有大致判断，在后续的交流中，才不会使你对其人与其行为的理解谬以千里。以下是几种典型行为模式的具体分析。

攻击性

攻击性行为模式主要表现为突然的、强有力的且有针对性的动作，就好像全部身心都集中在某个特定目标上。对抗性动作或兴奋地主动向目标移动的动作，都是有攻击性的表现。一个人带有侵略性的近身动作可能意味着他想支配、控制或攻击他人。在口头上，可能表现为侮辱或嘲讽对方。在行为上，可能表现为贴近对方站立，甚至自我炫耀或自我暴露，好像在显示自己很厉害。

果断性

果断性的行为模式同样十分有力，但其指向性并不明显。果断的人会坚持自己的立场，能坚定、平衡、流畅和开放地表达自己的信心。有攻击性的人可能会大喊大叫，而果断的人可能只是坚定地陈述自己的立场，这一点可以从他们的声音中听出来。

顺从性

顺从性是果断性的反面。顺从的人常会采取一种"低下"的、自保性的姿势，他们看上去弱小无助。例如，他们可能一直强装微笑、一动不动，说起话来轻声细语，还可能会低头向下看，或摆出一种脆弱或毫无威胁性的姿态。

开放和接纳

开放和接纳与顺从不同。有这种行为模式的人通常很放松，也很友好，整个人看上去很松弛。他们四肢自然张开，十分舒展，面部表情中没有任何防备的意味，说起话来也轻松自在。为了让自己看起来更随意，他们甚至可能会松开外套扣子，或者直接脱掉外套。

浪漫

浪漫与开放和接纳有些相像，浪漫的人常会做出亲昵的行为。浪漫的人会专注于感官享受，如触摸对方或自己、整理仪容、放松身心、满面笑容等，也更注重自己和他人的联结，如长时间和他人对视、问问题、表达赞同以及模仿他人等。他们的这些动作会给对方留下深刻的印象，即他们同意对方靠近自己。

欺骗性

欺骗性的行为模式通常表现出明显的紧张感。欺骗是两种矛盾事物相互作用的结果。例如，有人相信一件事，但他嘴上说的却是另一件事，此时要观察他由于这种矛盾而表现出的紧张感，比如表情焦虑、封闭式肢体语言和分心，这种紧张感出现的原因是他的大脑正加工着他不想让人知道的信息。再比如，有人可能正努力控制自己的情绪，看上去却很焦虑，这也是欺骗性行为模式的一种表现。

通过观察他人种种看似平常的行为，我们可以从整体上解读对方。这样能更容易且更快地收集更多信息，并发现对方特定的行为模式，而不仅仅是通过单个动作或表情就做出推断。所以在解读他人时，要关注对方的整体，包括他的四肢、面部、声音、姿势、躯干、着装、头发、手掌和手指等。

你能看懂一系列防御性的手势吗？你能分辨出有人是在展示自己的权力、力量和支配地位，还是只是在表达自信吗？你能看出某人是想表达自己值得信赖，还是像推销员那样想把真正有价值的东西卖给你，又或者在以开放和尊重的态度欢迎你呢？

概括地说，在解读他人时，需要关注对方整体的行为模式，如以下几种。

- 四肢交叉、全身紧缩或躲避他人——可能表示谨慎、疑惑或害羞。

- 四肢舒展、放得开、全身放松——可能表示友好、舒适、信任他人和松弛。

- 直言不讳、言辞尖锐且语气是命令式的——可能表示想支配、控制或说服他人。

- 整理仪容仪表、触摸或抚摸自己——可能表示想要展现浪漫的气质。

- 很有气势、举止唐突有力、音量很大——这是暴力的信号，有时也意味着恐惧。

- 重复他人的话、表示赞同、模仿他人的动作——可能表示友好，尊重、钦佩或顺从他人。

从广义上说，一个人的整体行为和沟通模式是有关"控制力"的表达，这种控制力包含克制、约束、阻挡、隐瞒、错过某事等。例如，你遇到某个人，发现他整个人散发出一种控制力的特质，你可以以此为抓手来解读他，并据此更好地理解他身上显露出的所有信息，如他可能会扭动手腕、嘴唇紧紧噘起、眉头紧锁、呼吸浅薄、声音微弱、音调高亢、频繁眨眼……他的身体传递出一种清晰且统一的信号：紧张感。那么，他很可能正试图隐瞒一些重要的事。你可以根据你和他谈话的背景，来判断他是在说违心话，还是对将要和你说的事感到尴尬。

向上社交提升指南

如何通过他人的身体表现读取有效信息？

身体所传达的信息量远远大于言语本身，学会读懂他人的身体所传达的信息并掌握其行为模式，可以大大丰富我们的信息源，从而帮助我们做出更准确和明智的判断。

- 准确解读他人身体所传达信息的方法有 7 种：了解日常行为、留意不寻常或不协调的行为、收集尽可能多的信息、留意模仿行为、留意能量流向、关注动态的肢体语言、关注语境。

- 一个人的行为模式可以揭示其内在性格，本书介绍了 6 种行为模式：攻击性、果断性、顺从性、开放和接纳、浪漫、欺骗性。

READ
PEOPLE
LIKE A BOOK

第 3 章

人格类型，确定对方的行为模式

如果你能识别他人身上的一些特质，
往往就能获知他的行事动机和价值观。

正如我们可以将一个人的交流方式、行为或言语看作其整体自我的直接体现，我们也可以将一个人的人格作为解读他的重要方面。

人格与一个人长期表现出来的行为模式相关。比如，我们可能会将某种手势或语气理解成不同的含义，但当它们持续且频繁地出现时，就成了特定人格的一部分。因此，如果我们对那些持续的、终身的一般行为模式有了一定了解，就会知道更多关于人类行为的背景知识，也就更能理解那些随时随地观察到的特定行为。在心理学领域，人格是指一个人心理特质的组合，这些特质通常表达出一个人多个有关联的姿态。

大多数人格理论都会研究人们不同的基本特质，如果你能掌握这些构成一个人人格的细节，就能对他的行为有更深入的了解，甚至还能预测他的行为。

如何快速知道对方是什么样的人

要想全面讨论人格分析和自我认同，就必须深入了解大五人格模型、迈尔斯－布里格斯个性类型测量表（Myers-Briggs Type Indicator，MBTI）和相关的凯尔西气质类型（Keirsey Temperament Sorter）。只要在能准确测量的范围内，以上这些测试都是了解一个人的直接方法。

或许你很少用这么多理论知识去解读或分析一个人，但没关系，单纯了解一些不同的评价方法也很有用。你也许能从其他人身上识别出一些特质，并借此了解他们的动机和价值观。

某一天，你很可能会为了更深入地了解自己而去参加人格、职业能力或人际关系等方面的测试。但在分析他人时，这些测试似乎派不上用场，因为人格测试几乎违背了分析他人的目的——客观地观察和分析行为。不过，这类测试确实能提供很多分析他人的素材，如应该关注哪些特质以及人与人之间有哪些差异。

大五人格模型

大五人格模型理论最早可以追溯到唐纳德·W. 菲斯克
（Donald W. Fiske）在 1949 年发表的一篇文章。从那以后，这
一理论越来越受欢迎，自 1967 年至 1987 年，沃伦·诺曼
（Warren Norman, 1967）、吉恩·史密斯（Gene Smith, 1967）、
路易斯·戈德伯格（Lewis Goldberg, 1981）、罗伯特·麦克雷
（Robert McCrae, 1987）和保罗·科斯塔（Paul Costa, 1987）
等人发表的相关文章都对这一理论表示赞同。该理论并不是
根据人的经历和动机来评估人的，而是归纳出了人的 5 种特
质：开放性（openness）、尽责性（conscientiousness）、外倾性
（extraversion）、宜人性（agreeableness）与神经质（neuroticism）。

近些年来，"内向"和"外向"这样的词被人们广泛使用，
那它们的真正含义究竟是什么呢？其实，它们分别位于一种
人格特质范畴的两端，而每种人格特质都存在两个极端。虽
然很多人可能不愿承认，但每个人都会在一定程度上表现出
这 5 种人格特质。根据这一理论，不同人格特质在一个人身
上体现的程度，以及在某一人格特质两极之间的位置，共
同决定了他的人格。这一理论可以解答困扰人们已久的复

杂问题："是什么构成了你？又是什么构成了不同于你的其他人？"

接下来，我们将对这 5 种人格特质进行详细讨论。

开放性

大五人格模型的第一种特质是开放性，它反映了一个人愿意冒险或尝试新事物的程度。例如，你愿不愿意尝试跳伞？你愿不愿意收拾行囊，环游世界，去感受一下其他文化？如果你对这两个问题的回答都是十分肯定的，那说明你的开放性可能很高，你乐于探索未知的事物。

 识人 TIPS

开放性高的人通常充满好奇和想象力，乐意进行冒险和尝试新事物。

人格特质范畴的一端是开放性高的人，他们通常充满好奇和想象力，乐意进行冒险和尝试新事物。他们很容易感到乏味，因此会创造性地发掘新事物，甚至会参加一些冒险活动。这些人通常都比较灵活，也会寻求日常生活的多样化。对他们来说，因循守旧根本就是不可能的。另一端则是开放性较低的人，他们更愿意维持原状，不愿意做出改变。与同龄人相比，他们更务实、更理性，也更传统，他们并不希望变来变去。

在现实世界中，大多数人都介于以上二者之间。而弄明白一个人处于其中的哪个位置，可以更好地了解这个人的自我及其优势。

例如，你有没有想当公司 CEO 的梦想？你有没有成为你所在领域佼佼者的梦想？一个人的开放性与其领导能力有关。如果你能接受新想法，跳出条条框框去思考，且能快速适应新环境，你就更有可能成为领导者并取得成功。

1973 年，苹果公司的联合创始人之一史蒂夫·乔布斯决定去旁听书法课，他的这一举动影响了多年以后 Mac 计算机开创性的排版布局。

当时，没有人想过要给计算机配上好看的字体，但乔布斯觉察到了这一问题。他发现了其他人都没有发现的东西。他试图改变人们对计算机的看法，并以开放性的心态迎接未来的新愿景。

尽责性

尽责性是一种反映人的谨慎程度的人格特质。尽责性高的人在采取行动时会保持警惕，在做出决定之前会谨慎思考，尤其是当这种决定不在自己原本的计划之内时。

 识人 TIPS

尽责性高的人会专注于实现目标、制订周密的计划并坚持按自己的时间安排做事。

通常来说，尽责性高的人往往会专注于实现目标。他们会制订周密的计划，专注于手头任务的细节，并坚持按照自己的时间安排做事。他们能很好地控制自己的冲动、情绪和行为，从而将更多的精力集中在取得职业成功上。他们可能不会像同龄的一些人那样喜欢冒险，但他们往往活得更久，部分原因在于他们的生活习惯更健康。

尽责性低的人更容易冲动行事，而且更容易引发混乱。他们可能会因计划过于复杂而失去做事的动力，从而耽误重要的工作。此外，他们控制自己行为的能力也比较弱，这会导致他们习得很多具有自毁性的习惯，如吸烟和滥用药物等。一般来说，他们很难完成任务。对他们而言，控制冲动绝非易事。

那么，你的尽责性又如何呢？你会不会遇到这样的情况：做事时井井有条，但一回到家，就会找各种借口不锻炼？你可能在某些方面尽责，比如制订日程安排和待办事项清单，但在其他方面不尽责，比如锻炼或养成其他好习惯。多数人都处于尽责性范畴的中间段。不过，假如你能成功地开始制订有条理的计划，那么你离成功可能也就不远了。

默里·巴里克（Murray Barrick）和迈克尔·芒特（Michael Mount）在 1991 年的研究表明，尽责性高的人在职业上表现得更好。蒂莫西·贾奇（Timothy Judge）、夏尔·希金斯（Chad Higgins）、卡尔·托雷森（Carl Thoresen）和默里·巴里克在 1999 年的研究发现，尽责性高的人工作满意度更高，声望和收入也更高。斯蒂芬·索尔兹（Stephen Soldz）和乔治·韦兰特（George Vaillant）在 1999 年进行的一项研究发现，尽责性高的人能更快地适应生活中无法避免的

 识人 TIPS

对所有人来说，提高尽责性都是防止问题出现的一剂良药。

诸多变化。斯蒂芬·伍兹（Stephen Woods）、菲奥娜·帕特森（Fiona Patterson）、安娜·科茨瓦拉（Anna Koczwara）和尤利塔·索法特（Juilitta Sofat）在 2016 年的研究发现，尽责性高的人在接受培训后更容易取得成功。由此可知，对所有人来说，提高尽责性是防止问题出现的一剂良药。

外倾性

外倾性是反映一个人外向程度或喜爱社交程度的人格特质。外倾的人通常很容易被人认出来。他们是派对上的绝对主角，精力充沛，知道如何与人交流。他们会从与他人的相处中汲取能量，而且会因为他人的关注变得更有活力。因此，这类人朋友众多，他们会抓住每一个机会去结识新朋友。

与之相对应的是另一种极端——内倾的人，他们跟外倾的人在一起时会觉得非常累。内倾的人可能会想：既然自己可以待在家里独自思考，为什么要花时间和一大群人对话呢？

其实，内倾的人并不害羞，只是和与其他人社交相比，他们更喜欢独处，他们更喜欢安静而不喜欢嘈杂。

在参加公司宴会时，你是希望彻夜狂欢、一直待到第二天天亮，还是刚待不到一小时就感到筋疲力尽？你是喜欢结识新朋友，还是喜欢待在家里看本好书？你平日是喜欢早睡早起，还是晚上很兴奋，早上很晚才起床？

在参加社交聚会时，如果你经常最后一个离开，喜欢和他人打成一片，而且越到深夜越来劲儿，那么你很可能是个外倾的人。而如果你害怕参加聚会，喜欢一个人待在家里，而且平日更喜欢早起，那么你更有可能是个内倾的人。

根据每天的情形不同，你可能会更偏向内倾或外倾。但总的来说，大部分人通常都处于二者之间。

宜人性

宜人性能反映一个人是否善良、是否有同情心，也能反映一个人对他人的热情程度以及与他人合作的意愿。

你是否经常关注他人及其遇到的问题？当你看到他人遇到困难时，你的内心是否也会因此受到影响？如果你对他人富有同情心，关心他人且乐于助人，那么你可能是一个宜人性高的人，你能体会到他人的痛苦，且想要帮他人做些事情。

识人 TIPS

宜人性高的人富有同情心，关心他人且乐于助人，并能体会他人的痛苦。

相对来讲，宜人性低的人可能对他人的生活并不关心。他们可能更愿意自己解决问题，而不是和他人一起努力解决问题。他们通常并不讨人喜欢，因为他们只想做自己的事。由于他们有这样的本性，因此人们通常会认为他们很讨厌或令人感到不快。

对于自己愿意为他人做多少事，以及在多大程度上与他人合作，每个人都有不同的标准。这一标准决定了一个人的宜人性。

为什么有的人宜人性很高，很讨人喜欢呢？这个问题仍有待心理学家进一步研究。有些人天生关心他人的福祉，因此宜人性高；也有一些人，可能由于社会压力和道德规范，他们会表现出较高的宜人性。另外，对后果的恐惧可能也是一种激励因素——有些宜人性高的人喜欢关心他人，是因为他们害怕社会对抗（social confrontation）。但无论如何，索尼娅·罗卡斯（Sonia Roccas）、利拉赫·萨吉夫（Lilach Sagiv）、沙洛姆·施瓦茨（Shalom Schwartz）和阿里尔·克纳福（Ariel Knafo）在 2002 年的研究表明，宜人性高的人通常都不残忍，也不冷血和自私。

如果你想让自己快乐起来，不妨先弄清楚自己的宜人性的高低，这有助于你找到方法。

神经质

很多人都经历过一些不同寻常的日子，在当时，一切看起来都变了。比如，你认为同事要整你，或者你因为焦虑而睡不着觉，又或者你感觉自己好像深陷在伍迪·艾伦（Woody Allen）的电影里。如果你发现自己经常出现这种情况，并因此感到沮丧而非兴奋，那么你的神经质程度可能比较高。

从本质上来说，神经质是反映一个人情绪稳定程度的一种人格特质，主要反映一个人保持情绪稳定和对抗焦虑、不安、心神不宁的能力。

识人 TIPS

神经质程度高的人往往比较焦虑，更容易操心，还会在没有任何征兆的情况下情绪大变。

通常，神经质程度高的人在生活中往往比较焦虑。他们比大多数人更容易操心，还会在没有任何征兆的情况下情绪大变。这种行为反过来又会让他们感到更大的压力，甚至导致他们出现抑郁症状。

神经质程度低的人情绪往往比较稳定。在压力来临时，他们更容易处理压力。另外，他们很少为未发生的事情忧心忡忡，且会认为没有必要对可能发生的事情太过担忧。

那么，你平时是会幽默地应对挑战，还是在遇到问题后感到压力重重？你是整天都很冷静，还是情绪忽冷忽热？如果你能从容地应对事情，每天的情绪都很稳定，那么你的神经质程度可能比其他人低很多。如果你的情绪在短时间内变来变去，而且经常为各种事情感到焦虑，那你的神经质程度可能比较高。

当然，神经质程度高也并非坏事。神经质程度高的人在担心自己的健康时，会及时服用维生素，必要时还会去医院做检查。在这种情况下，由于对可能发生的事情的焦虑，神经质程度高的人在很多方面可能会"领先"他人一步。

本书后面的章节还会介绍不同的测试，研究证明，这些测试可用来评估人的主要人格要素。例如，你即将和一位新的商业伙伴合作，在合作之前，有人提前提醒你，这个人非常粗鲁，而且难以相处。在随后与该商业伙伴的交往中，你可能确实注意到他有些冷漠，说话很直接，看上去好像不懂得社交礼仪。但当你和他合作了一个月后，你可能发现他表现出来的行为模式更多的是源于其人格。也就是说，他在任何情况下都是这个样子的，跟谁交往都一样。

当你在会议上提出一个有争议的观点时，可能立刻就会看到他有些不服气，双臂交叉，眉头微皱。此时，他人可能会认为他的这种肢体语言意味着直接拒绝，但因为你了解了他的人格，知道判断他情绪的基线在哪里，你知道他的这些动作只是很平常的动作。接着，你继续解释刚才提出的观点，最终，他可能会愉快地接受你的观点，对此你并不会感到惊讶，尽管他在一开始看起来很严厉且难以沟通。

这样看来，评估人格也是一个很有用的途径，有助于我们理解和解释当前接收到的信息。除大五人格模型外，还有两种类似的评估人格的工具，它们分别是迈尔斯－布里格斯个性类型测量表以及凯尔西气质类型。

迈尔斯－布里格斯个性类型测量表

迈尔斯－布里格斯个性类型测量表一直是认识和评估一个人的人格特质最常用的工具之一。不过，我们需要先认识它，才能用它对人进行分类。总的来说，该测试是基于4种截然不同的二分法来进行的，我们可以将每种二分法想象成一种简单的人格特质，类似于大五人格模型中的5种人格特质。当然，和其他任何测试一样，迈尔斯－布里格斯个性类型测量表并不是万无一失的，但这并不意味着无法利用它深入地了解人的性格或身份。

迈尔斯－布里格斯个性类型测量表是伊莎贝尔·布里格斯·迈尔斯（Isabel Briggs Myers）和凯瑟琳·库克·布里格斯（Katherine Cook Briggs）在第二次世界大战期间开发出来

的。迈尔斯和布里格斯都是家庭主妇，当时她们观察到，许多人在面对工作机会时不管他们愿不愿意、合不合适，都会努力去争取。

然而，令她们困惑的是，许多人从事的工作不一定和他们自身的技能有关。后来，她们将自己的观察与心理学家卡尔·荣格的研究结合了起来。

因此，迈尔斯 - 布里格斯个性类型测量表旨在帮助人们找到适合其天生性格的工作和职业，其 4 种二分法具体如下：

- 性格维度：外向（E）和内向（I）。
- 认知维度：感觉（S）和直觉（N）。
- 决策维度：思考（T）和情感（F）。
- 执行维度：判断（J）和感知（P）。

具体用法是，每个人都可以根据以上 4 个维度来衡量自己，在每个维度上判断自己更倾向哪一极，并将 4 个维度的判断组合在一起，这样就能辨识自己的人格模式。

接下来，我们具体来了解一下这 4 个维度。

性格维度：外向和内向

此维度反映的是一个人的能量来源。需要注意的是，这里的外向和内向与大五人格模型中的外倾性和内倾性的定义略有不同。

通常来说，外向的人主要从外部世界获取能量。与他人在一起时，外向的人能很好地蓄积能量；而内向的人的能量主要来源于内心世界。他们希望可以拥有属于自己的空间，这是他们补充能量的最佳方式。

外向的人一般以行动为导向，内向的人则更注重思想。例如，在课堂上，外向的学生喜欢参加小组讨论以及公开演讲。从他们与其他学生的互动中可以观察到，他们能从中获得能量。内向的学生则偏好独自完成项目，而且他们在参与全班讨论时容易感到不适。他们喜欢独立思考，并自己评估学习任务。

识人 TIPS

外向的人一般以行动为导向，内向的人则更注重思想。

认知维度：感觉和直觉

此维度反映的是一个人是如何感知信息的。

在感觉周围世界时，人们会相信自己直接从外部世界接收到的信息。在接受信息的过程中，人们可能会用到以下 5 种感觉：视觉、嗅觉、触觉、味觉和听觉。通常，人们会基于经验快速地做出决策。

直觉型的人相信来自自己内心世界的信息，胜过相信外部信息。这类人会深挖细节并试图发现特定的模式。因此，他们可能需要更长的时间才能做出决定。

相对而言，感觉型的人侧重具体的、有形的信息，而直觉型的人可能更关注从数据中得出的潜在理论或原则。例如，警察会根据证据和数据对犯罪嫌疑人进行逮捕；而为被告进行辩护的律师则会更多地利用自己的直觉，因为除了法庭上提供的信息，可

识人 TIPS

感觉型的人侧重具体的、有形的信息，直觉型的人更关注从数据中得出的潜在理论或原则。

能还存在其他隐藏的信息。

决策维度：思考和情感

此维度反映的是一个人是如何加工信息的。思考型的人主要通过逻辑思维过程做决策。这类人依靠具体内容来处理信息，他们会根据规则来指导自己做决策。与此相反，情感型的人更愿意根据自己的情绪做决策。比如，他们会根据自己的价值观来做选择。

为了做出正确的决策，思考型的人会把所有的可能性和实际原因一一列举出来，然后再思考。简单来说，思考型的人倾向于用大脑做决策；情感型的人则依靠情绪做决策。比如人们在买房的时候，要么考虑房子的售价和转售价值（思考），要么考虑在亲友家附近买房（情感）。

执行维度：判断和感知

此维度反映的是一个人会如何利用自己加工过的信息。

在处理生活事件时，判断型的人会先进行判断，之后将其作为一种规则纳入自己的计划中。这样的人通常喜欢依据秩序行事，做起事来条理分明。为了获得自我掌控感，他们会尽可能地控制好周围的环境。判断型的人通常会参考以前的经验，在以后的生活或工作中，延续好的做法，避免不好的做法。另外，他们也喜欢固定不变的东西。

即兴发挥和探索是感知型的人通常会做的事情。他们喜欢自己掌握选择权，认为计划会限制自己的潜力。他们喜欢在必要时才做出选择、寻找问题解决方案以及制订策略。在某种程度上，感知型的人更愿意活在当下，并认为自己会有很多选择，无论自己过去经历了什么。

通过以上 4 种二分法进行排列，可以得出 16 种不同的组合，即 16 种人格类型，每种人格类型都可以用 4 个字母来表示。这代表了每个人在 4 个维度上的主要人格特质。

识人 TIPS

感知型的人更愿意活在当下，认为自己会有很多选择。

例如，ESFJ 代表外向、感觉、情感和判断。ESFJ 型人格的人，可能就是你在电视剧中看到的那些到处对人说三道四的人，他们的主要生活目标是结婚生子，而且喜欢和其他孩子的母亲聊八卦。当然，这种分类方法比较刻板，不太合理。尽管如此，用这种方法对人进行分析和分类，对我们了解他人仍有帮助。

不过，迈尔斯－布里格斯个性类型测量表也存在很大的缺陷，即它只给出了确定的答案，并没有考虑到一个人的人格特质并不只有一面。此外，迈尔斯－布里格斯个性类型测量表只解释了人格特质范畴两端的情况，却忽略了中间的部分，而大多数人的诸多人格特质很可能处于中间水平。例如，你可能有 45% 的倾向属于外向，另外 55% 的倾向属于内向，但根据迈尔斯－布里格斯个性类型测量表，你会毫不含糊地被归为内向的人。

还有一个问题，它与迈尔斯－布里格斯个性类型测量表本身无关，即每个人一生都是在不断变化的，人格特质也会变化。马歇尔大学的戴维·皮滕杰（David Pittenger）教授发现，在短时间内利用迈尔斯－布里格斯个性类型测量表进行重新测试时，多达 50% 的人会被归类为与之前不同的人格类型。正如预期的那样，随着时间的推移，人是会改变的。

由于自身的情绪或内外环境的影响，人们根据迈尔斯－布里格斯个性类型测量表测出来的结果，很可能会在几天或几周内发生变化。而这些因素与一个人实际的人格类型是无关的。

那么，在日常生活中和他人接触时，如何使用该测量表更好地了解他人呢？实际上，我们很难马上就猜出一个人的人格类型。由于不可能给我们遇到的每个人都做一套完整版本的测试，因此我们需要从更广泛的角度对自然语境下的人进行理解，这种理解通常兼具普遍性和暂时性。

你不妨自己实践一下，比如下一次再认识新朋友时，可以试着判断一下对方是更内向还是更外向，或介于二者之间。你需要留意他的肢体语言、行为以及所有能捕捉到的语境线索，然后思考：他更可能是直觉型的人，还是感觉型的人？

要想确定一个人是思考型的人还是情感型的人，不妨关注他的言语及注意力所在。例如，他是否会和你交流事实、想法、抽

识人 TIPS

想确定一个人是思考型的人还是情感型的人，不妨关注他的言语及注意力所在。

象计划？或者说，他是否一直在谈论其他人的人际关系？而要想判断一个人是判断型的人还是感知型的人，可以留意他对生活的整体态度——他看上去是放松、开放、无拘无束的，还是一直在做决定，做任何事总能拿出计划，又或一直在制订计划。

 识人 TIPS

判断一个人是判断型的人还是感知型的人，可以留意他对生活的整体态度。

从一两个维度来观察、分析他人，已经足够你缩小范围，锁定对方的潜在人格了。再次提醒，一定要避免偏见，谨慎做出假设。例如，一个人可能并不是情感型的人，但由于当下的环境很轻松，而且对方暗恋着你，你很可能会做出对方是情感型人的错误判断。

要想知道自己的分析对不对，不妨先改变一下自己的沟通方式，然后再观察对方会有怎样的反应。

例如，思考型的人可能会积极地回应你提出的有趣的新想法，但对你的个人私事根本不感兴趣。而假如和你交流的人总想得出明确的结论，那么他比较像是判断型的人，而不是感知型的人。不过，最终还得看交流时的具体语境。

另外还要记住，人在不同的环境中往往会表现出不同的人格特质。例如，在讨论婚姻时，你的配偶可能更注重情感交流，在职场上却并非如此，这通常与思考型或情感型的倾向无关。

凯尔西气质类型

大卫·凯尔西（David Keirsey）对人们从迈尔斯 - 布里格斯个性类型测量表中得到的信息进行了加工，并将 16 种人格特质缩减为 4 种一般气质。在每种气质类型中，凯尔西都总结出了人们会自然而然扮演的两种不同的角色。

第一种气质类型：护卫者

感觉型兼判断型的人通常会是护卫者（The Guardian）。这类人渴望归属感，希望为社会做出贡献，并对自己的能力充满信心。

护卫者比较实在，做事有条理。他们会寻求安全感和归属

识人 TIPS

护卫者渴望归属感，希望为社会做出贡献，并对自己的能力充满信心。

感，同时也很在意责任和义务。他们最大的优势之一就是组织工作，他们擅长安排、引导、支持和检查。护卫者常见的两种角色是管理员和保护者。管理员往往更主动，更有指导性，他们在调节人际关系方面最为出色。保护者则更活跃、更善于表现，通常很乐于支持他人。

第二种气质类型：技艺者

感觉型兼感知型的人通常会是技艺者（The Artisan）。这类人生活很自由，并亲身经历过很多事情。

识人 TIPS

技艺者通常能适应任何环境，热衷于寻求刺激和高超的技艺。

技艺者通常能适应任何环境，他们热衷于寻求刺激，追求高超的技艺。他们希望自己能影响他人，而他们最大的优势之一就是安排战术。同时，技艺者还非常擅长排除故障、解决问题，而且具有很好的敏捷性。他们还擅长操作工具、仪器和设备等。

技艺者最常见的两种角色分别是操作员和演艺人员。操作员擅长指挥，也比较主动，他们具有很好的推动事物运作的能力，而且做事很细致。演艺人员则见识广博，更活跃，有很强的即兴创作能力，且非常注重细节。

根据凯尔西的估计，大约 80% 的人属于护卫者或技艺者。

第三种气质类型：理想主义者

直觉型兼情感型的人通常会是理想主义者（The Idealist），他们很重视独特性和个性。这类人会在帮助自己和他人成为最好的自己时，发现生活的意义。

识人 TIPS

理想主义者重视个人成长和寻找真我，在澄清事实、联合群体、鼓励个性化和激励他人等方面有很大优势。

理想主义者比较擅长抽象思考，且富有同情心。他们会努力在几乎所有事情中寻找意义。他们重视个人成长和寻找真我，擅长社交，而且在澄清事实、联合群体、鼓励个性化和激励他人等方面有很大的优势。理想主义者常见的两种角色分别是导师和倡导者。导师通常比较主动，擅长指导以及培养他人，由于心细，他们常会从事辅导员和教师两种职业。倡导者则更活跃，见识广博，善于调解。

第四种气质类型：理性者

直觉型兼思考型的人通常会是理性者（The Rational）。这类人会尽一切努力丰富自己的知识储备，而且非常能干。此外，他们通常也注重个人满足感。

识人TIPS

理性者想成为自己行业里的大师，而且具有不错的自我控制能力。

理性者偏重于客观与抽象。他们想成为自己行业里的大师，而且具有不错的自我控制能力。另外，他们很注重学习自己领域的知识和培养该领域所需要的能力。他们最大的优势是懂得策略，在逻辑分析、策划、概念化、理论化和沟通协调等方面也有不错的表现。理性者常见的两种角色分别是协调员和工程师。协调员通常比较主动，擅长指导和安排，能成为不错的策划者和行业专家。工程师则更注重实操，擅长收集信息。

和迈尔斯－布里格斯个性类型测量表相比，凯尔西气质类型更有助于深入了解他人的人格特质，以及对他人进行整体性的评估，因为它的评价维度之间是相互联系的，而迈尔斯－布里格斯个性类型测量表只关注单一的特质。但是，就像前文评价迈尔斯－布里格斯个性类型测量表那样，没有人只有一种气质。几乎每个人都会表现所有的气质，因此很难将一个人归为某一种气质类型。

总的来说，凯尔西气质类型可以让人们更好地了解自己的性格和改变自己的性格。迈尔斯－布里格斯个性类型测量表只能揭示一个人是怎么样的，而凯尔西气质类型超越了表面的对气质类型的解释。凯尔西气质类型允许测试者给自己的气质类型打分，以便他们在此基础上做出更好的改变。此外，通过分析自己属于凯尔西气质类型中的哪种，人们也会产生更多的自我意识，提高自己的适应能力。

　　迈尔斯－布里格斯个性类型测量表和凯尔西气质类型都能传递很有用的信息，至少它们为我们提供了分析他人的着手之处。根据一些初步的观察，我们可以通过改变和他人的交流方式、转换说话方式、提出不一样的问题等方式，不露声色地收集更多的信息。在和他人的接触过程中，我们一直在做"实验"，并不断检验自己的假设合理与否。

　　这听起来好像缺少了人情味，但事实上，在他人看来，善于解读他人的人往往更有趣，更讨人喜欢，更有魅力，也更聪明且善解人意。举例来说，假如你正在和一个你判断是理想主义者的人交谈，你就可以用对方喜欢的方式来赞美他，比如对他说："你很善良，指导了很多人的学业。"

　　再比如，在某件事上，你和某人产生了分歧，而他看上去具有技艺者的气质，那么你可以用现实结果来说服他，以解决你们之间的问题，而不是一味地讲逻辑、打感情牌或诉诸权威等。

　　接下来要介绍的是九型人格测试（Enneagram Test），它的功能和凯尔西气质类型有些类似。

九型人格测试

20 世纪 60 年代，九型人格测试被开发了出来，目的是帮助人们实现自我。该测试侧重于自我提升，它会迫使人们直面自己的错误。它的独特之处在于，做测试是为了弄清楚人们行为的方式和原因，而非行为本身。

九型人格主要包括以下 9 种人格类型。

第一种人格类型：改革者

改革者（The Reformer）通常希望自己永远是正确的，并且高度诚信。他们可能有很好的判断力，但同时也比较自以为是。这类人的代表角色是牧师和医生。

 识人 TIPS

改革者有很好的判断力，但也比较自以为是。

第二种人格类型：助人者

助人者（The Helper）渴望得到他人的爱和欣赏，通常非常慷慨，但也善于操纵他人，且比较自傲。这类人的代表角色是母亲和教师。

第三种人格类型：成就者

成就者（The Achiever）喜欢被赞美和称颂。他们通常是工作狂，因此难免有些自恋和虚荣。这类人的代表角色是演员和学生。

第四种人格类型：个人主义者

个人主义者（The Individualist）重视生活的意义，渴望与众不同。他们虽然很有创意，但常常喜怒无常，很情绪化。这类人的代表角色是音乐家和画家。

第五种人格类型：观察者

观察者（The Investigator）通常会努力成为知识渊博和能力出众的人。大多数时候，他们非常客观，但常常隐藏自己的真实想法。这类人的代表角色是研究人员。

第六种人格类型：忠诚者

忠诚者（The Loyalist）做任何计划都很周到，对所有他们关心的人都很忠诚。但同时，他们又会质疑一切，经常怀疑他人，表现得比较偏执。这类人的代表角色是警察。

第七种人格类型：享乐主义者

享乐主义者（The Enthusiast）热衷于冒险且精力充沛，但也比较鲁莽，容易过度放纵。这类人的代表角色是追求刺激的冒险者。

第八种人格类型：挑战者

挑战者（The Challenger）始终希望一切尽在自己的掌控之中，或者握有权力。他们通常非常独断，在他人看来可能显得咄咄逼人且比较极端。这类人的代表角色是专横型父母。

识人 TIPS

挑战者非常独断，希望一切尽在自己的掌控之中。

第九种人格类型：和平者

和平者（The Peacemaker）的情绪比较稳定，善于自我调节。他们通常很随和，可以接受一切事物。但这种天真的行为会让他们注意不到周围发生的负面事情。这类人的代表角色是嬉皮士和一些年老的长辈。

有些人可能会表现出 9 种人格类型中每一种的部分特点，或者主要表现出少数几种人格类型的特征。九型人格测试能让人们更清楚地了解自己，以及为什么自己会在某些情况下做出特定的行为。在进行该测试时，人们需要更深入地审视自己，这可能有助于发现自己无意识的思维方式。

为了更好地利用以上理论，我们需要牢记一点：既然是模型，就存在局限性，它们是对复杂现象的简化。虽然根据人格理论或人格评价模型能更好地解释或理解人类这一复杂生物，但也要做好准备，并继续收集信息，随时改变自己的看法。

举例来说，假设你昨天遇到了一个人，他给你留下了深刻的印象，你判断他属于九型人格中的第八种类型，即挑战者。后来你与他进行了谈话，你注意到他看上去咄咄逼人，比如他语气坚定、姿势威严，他经常打断你，会直直地看着你，而且下巴紧绷，眼神犀利。但在今天，当你在工作之外遇到他时，你发现他的肢体语言看上去似乎在传达焦虑的信号。你不免产生疑惑：他咄咄逼人的气势难道只是为了伪装自己？

在接下来的谈话中，你换了一种人格评价模型，你发现他一点儿也不强势，他只是在与人交流时比较自信和直接而已。你开始把他视为一个专注而热情的理性者，即外倾性较高，尽责性和宜人性相对较低。综合考虑这些方面以后，当你再和他进行交流时会发现，你们俩竟然很聊得来，而且很快就成了非常亲密的朋友。

向上社交提升指南

如何让你对一个人的判断八九不离十？

在短时间内对一个人有大致的准确判断，可以为后续的决策奠定好的基础。大五人格模型、迈尔斯－布里格斯个性类型测量表、凯尔西气质类型、九型人格测试可以帮助我们确定对方的人格类型，从而划定其行为模式，对他做出大致准确的判断。

- 我们可以从大五人格模型中的 5 种人格类型来判断一个人的思考方式和行为倾向，它们分别是：开放性、尽责性、外倾性、宜人性、神经质。

- 我们可以通过迈尔斯－布里格斯个性类型测量表来确定适合某人性格的工作和职业，它包含 4 个维度的 8 个趋向，从而组合成 16 种人格：性格维度（外向和内向）、认知维度（感觉和直觉）、决策维度（思考和情感）、执行维度（判断和感知）。

- 根据凯尔西气质类型，我们可以判断一个人在生活中可能扮演的角色，其中包括 4 种气质类型：护卫者、技艺者、理想主义者、理性者。

- 我们可以根据九型人格测试来明晰他人行事的方式和原因，它主要包括 9 种人格类型：完美主义者、助人者、成就者、个人主义者、观察者、忠诚者、享乐主义者、挑战者、和平者。

READ
PEOPLE
LIKE A BOOK

第 4 章

如何判断对方提供的信息是否真实

人们并不能轻易识破他人的谎言，
这与年龄、性别、
教育水平以及对识别谎言的信心无关。

如果你能准确地判断出一个人的性格，并且能很好地读懂对方，你就能与对方保持良好的朋友、爱人、家人或同事关系，而且也不容易受到他人拙劣的欺骗伎俩的伤害。因此，无论是为了揭穿生活中的谎言，看穿他人别有用心的约会策略，还是看清楚有意误导你的人的真面目，你都可以使用前文中提到的所有技巧，当然，使用这些技巧也不过是一种自卫策略。

你可能已经听倦了以下这个提示，但仍有必要提醒你一下：在解读他人时，没有百分之百准确的事。虽然你可以观察他人，也可以套用理论来分析他人，或大胆地进行猜测，但没有哪种方法可以确保在每个人身上都有效，因为每个人的习惯、性格以及生活环境等都不相同。

基于此，本章要介绍的方法将会是一个很好的起点。它既可以作为一种工具，也可以作为一种分析观察的视角。我们会简单介绍专业测谎人员是如何测谎的，比如美国联邦调查局和美国中央情报局的特工、审讯人员和警察是怎么做的，他们有时需要在短时间内做出尽可能准确的判断。

为什么识别信息的真实性这么难

大多数人都认为自己很容易就能识别他人的谎言，事实可能并非如此。《法医》（*Forensic Examiner*）杂志上的一篇文章指出，人们实际上并不太容易识别他人的谎言，而且这与年龄、性别、教育水平以及对识别谎言的信心无关。事实上，即使是专业的测谎人员，也并没有表现得更好。

发表在《人格与社会心理学评论》（*Personality and Social Psychology Review*）杂志上的一篇论文称，大多数人，即使是心理学家和法官，在识别他人谎言方面也并没有多厉害。据估计，在 20 000 人中只有 50 人能达到 80% 以上的正确率，这个正确率相当低！虽然没有人愿意承认自己容易上当受骗，但事实上，一些骗子老手很容易就能把人唬住。既然如此，想准确地识别他人的谎言，首先要做到的就是谨慎。

问题是，那些我们常用来解读他人的依据，如面部表情、肢体语言、交流用语等，会时不时地发生变化。我们通常会假设，说谎者会以相同且可预测的方式行事，但事实并非如此。因为个体之间存在诸多差异，所以一些观察技巧和方法几乎毫无用处。虽然前文介绍的技巧有助于我们了解他人的性格，但前提是他们不会刻意隐藏。而交谈一旦涉及谎言，就与普通的对话不同了。

一个更大的问题是，说谎者也可以获得"测谎者"掌握的根据面部表情、肢体语言、交流用语等得出的信息。例如，假如有人知道摸自己的脸容易引起他人的怀疑，那他可能就会避免这么做。事实上，如果和一个习惯说谎的人打交道，或者完全相信对方说的话，那么你在他身上可能发现不了任何说谎的迹象。

既然谎言如此难以觉察，为什么还要费心学习如何识别谎言呢？因为在某些条件下，我们仍然可以比较准确地识别他人的谎言。如果我们对识别谎言的方法有一定了解，并对识别谎言的准确性有合乎现实的期望，我们就能更好地解读他人，从而避免上当受骗。

在以下几种情况下，测谎的准确性通常比较高：

- 有一条可信的被测试者行为基线，用来和对方当前的行为进行比较。
- 说谎者没有时间进行设计或准备。
- 说谎会产生实际的后果，让说谎的成本大大增加，说谎者也会更紧张。

不过，不能仅凭借单一的线索或迹象就判定某人是否在说谎。例如，有的人可能会毫无征兆地突然变得健谈或变得有些结巴，而他以前从来不这样，还有的人会突然变得非常严肃、心不在焉等，这些情况都是可能出现的。即使出现上述情况，也不能断言这个人在说谎。此外，即使发现某人很紧张，也不能马上就确认他在说谎，因为他可能是知道你不信任他才感到紧张的。

对此，我们可以换个思路：与其了解如何更准确地识别他人的谎言，不如先弄清楚自己为什么会上当受骗。从这个角度来看，虽然我们对说谎者无能为力，但可以反过来审视自己，比如了解自己的性格、信仰或行为，看看自己会在哪种情况下出现疏忽。

对大多数人来说，说谎绝对是不道德的。我们不喜欢说谎，但也不愿意接受自己被他人欺骗这种事。假如我们在潜意识中相信没有人会真的欺骗我们，或者认为即使自己被他人欺骗了也能及时觉察，那么从某种意义上来说，我们就维护了"自我"，并自认为这个世界在大多数情况下是公正的。

大多数人都很心善，也很诚实，不喜欢随便评判他人，更希望与他人建立信任感。但是，有多少人误以为他人也和自己一样重视道德呢？

对于他人说的话，如果我们有自己的主张、期望和信念，就更容易识别哪些是谎言。有人可能会想，假如自己有"防骗雷达"，就像一台功能强大的"测谎机器"一样该有多好。但事实上，这种美好的想法最容易妨碍我们进行准确的观察和分析。前

 识人 TIPS

对于他人说的话，如果有自己的主张、期望和信念，就更容易识别哪些是谎言。

文介绍了了解他人价值观和人格的方法，如果想用它们来识别他人的谎言，就需要对其进行升级。

要互动，不要置身其外观察

假如你到街上随便问一个人，如何分辨某人是不是在说谎，他可能会说，如果对方"眼睛转来转去""仰起头并向右侧看""说话吞吞吐吐"，就表明对方在说谎。即使训练有素的专业人士可能也相信，类似的技巧可以分辨出他人是不是在说谎。

但事实并非如此，如果真的这么简单，说谎就不会那么常见了，更不会有那么多人上当受骗了。其实，精准的测谎比对孤立行为的观察要复杂得多，也困难得多。

肢体语言固然很重要，但也要记住，在某种程度上，谎言是一种语言结构，它是一种动态的、实时的叙述方式，而且对话中的另一方也在积极倾听。所以，识别谎言不能只靠像鹰一样盯着对方是否面部抽搐或手掌出汗，还要关注整个对话。

与他人对话时，你要积极参与。你可以提出问题、引导讨论或巧妙地向对方施压，以便让对方提供信息，这样你就不用自己费心找对方说谎的线索了。不妨重新为"测谎"下个定义：测谎是一种对话技巧，而非一系列单一的静态观察。

举例来说，当你觉得配偶形迹可疑时，你可能会问对方过去几小时都去过哪里；当你发现孩子出现了黑眼圈时，你可能会问他们黑眼圈出现的原因；当你发现自己负责的项目被公司取消了，你可能会向同事询问。所有这些情况都会涉及立体且颇具动态性的对话，而不是单方面的表述。

识人 TIPS

测谎是一种对话技巧，而非一系列单一的静态观察。

能不能识别谎言，取决于你与说谎者的互动方式。互动讲究的是战略性和前瞻性。需要记住的一点是，你要以开放式问题开启谈话。要让对方先说，而且要留出足够的时间，让他一一说出任何可能自相矛盾的事实或线索，之后你就可以拆穿他，证明他在说谎。

德比大学的雷·布尔（Ray Bull）博士是一名刑事侦查专家，多年来，他一直在研究对话技巧中的艺术和科学，在多家心理学期刊、行为研究期刊和法律期刊上发表过论文。他的一项重要发现是，采访者和受访者的关系以及测谎的过程最为重要。

你应该尽可能少透露自己掌握的信息，至少在谈话的开始要这样做。如果你有任何证据或信息，请尽可能长时间地保持沉默。记住，说谎者正处于困境之中。他们必须想方设法让你相信某件事，但通常他们并不知道你掌握的信息。你要隐藏这些信息，这往往足以让他们不小心脱口而出一些话，从而有利于你彻底解决问题。

举个简单的例子：假如你的配偶和你说了一连串关于他和朋友晚上出去玩的事情，你不妨问他几个问题，比如他和朋友一起都做了什么、吃了什么、玩的时候天气如何等，然后看他怎么说。等他说完以后，你可能会直接说出你碰巧知道那位朋友正在度假，但你这样说就把你掌握的信息过早说出来了，这并非上策。而如果你不告诉他你知道这件事，他可能会"背诵"自己早已编好的故事给你听，这样你就有更多机会揭穿他了。

另外，留意对方是如何呈现信息的。说谎者通常会一次性讲一个非常完整且详细的故事，但当他们被提问时，他们几乎给不出任何其他信息，因为他们讲的故事已经在他们脑子里排练过了，而对他人提出的问题，他们还没有想出合适的答案。而说真话的人往往不会一下子把所有的事情都说出来，但当被进一步提问时，他们却能顺利回答相关的问题。

你不妨直接一试，比如随便问对方一个随机的、不相关的问题，一个事先他肯定想不到的问题，然后注意观察他当下会不会左思右想，努力编造一些事情。说谎者通常需要很长时间来回答问题，并在叙述时磕磕绊绊。说真话的人可能会记不清某些细节，但他们能从容地说"我不知道"，而说谎者常常急于编造一些毫无意义的细节，来填补自己的感知空白。

 识人 TIPS

说真话的人往往不会一下子说出所有的事，但当被进一步提问时，他们却能顺利回答相关问题。

如果你确实发现了一些问题，甚至发现对方完全是在说谎，先不要急着下结论。稍等片刻，仔细观察，你可能会发现他在大言不惭地编故事。当你掌握了他说谎的确凿证据后，也要继续观察他的反应。通常，当被指控撒谎时，说谎者可能会很生气或哑口无言，而说真话的人可能会表现得有点摸不着头脑。

 识人TIPS

两个人一起说谎时，他们不会跟对方协商，也不会就彼此的说法进行详细阐述，说真话的人则往往相反。

詹姆斯·德里斯克尔（James Driskell）博士是佛罗里达马克西马公司（Florida Maxima Corporation）的负责人，该公司主要研究测谎等行为科学的问题。德里斯克尔发现了一些关于如何分析多个人一起说谎的线索。他说，当两个人一起说谎时，他们不会跟对方协商，也不会就彼此的说法进行详细阐述，说真话的人则往往相反。

因此，假如你怀疑有两个人在说谎，不妨观察他们是如何互动的。通常，说真话的人在说话时表现得更加从容，且更主动。

提出出人意料的问题

假设你是说谎者（回忆一下自己上次说谎是什么时候），说谎时，你需要留意很多细节，还要表现得很冷静，信心十足。如果你有足够的时间详细组织所有细节，编起故事来就会很顺利。换句话说，你准备的时间越充足，大脑就越镇定，你就越能更好地演练应对措施。

通常来说，如果一个人没有提前组织好，他的谎言就很容易被识破。在这种情况下，你可以出其不意地向他提问或与他交谈，这样你更有机会在他感到尴尬或措手不及时揭穿他的谎言。与前文提到的对话技巧一样，只根据对方的肢体语言是无法知道他是否在说真话的，因此最好让他自己暴露，陷入自己编织的谎言圈套中。

前文提到，出人意料的问题往往会让说谎者措手不及，使其无法再按排练好的"剧本"编造

识人 TIPS

对于可以直接用"是"或"否"来回答的判断性问题，如果对方顾左右而言他，就说明他有问题。

谎言。在这种情况下，你不妨留意对方是否依然很自信，或者他在语速或眼神交流等方面有哪些变化。举一个经典的例子，对于可以直接用"是"或"否"来回答的判断性问题，说真话的人通常会毫不费力地立即给出直接的回应，如果对方顾左右而言他，那就说明他有问题。这可能表明他在拖延时间，好想出令人信服的说辞。而一直重复某个问题，或给出的回应面面俱到，其实也是一种拖延时间的方式。

比如以下这种场景：

"有人吃了我放在冰箱里的午餐！麦克，是你干的吗？"

"什么？你说什么东西？"

"我是说我的午餐，我放冰箱了，而且还在上面贴了标签。"

"是吗？这个办公室里的人都有可能做这种坏事。"

"是不是你吃了？"

"我吃了你的午餐？你这是在怀疑我吗？"

"那你跟我说，你有没有？"

"你这也太可笑了。真不敢相信你会认为……"

再次提醒，出其不意很有用。当你给某人一个措手不及时，他会突然变得慌张，甚至可能会发火。此时，注意他的情绪或言语风格的突然转变。有的人可能会通过表现得很生气，来掩饰自己的恐慌，如他可能会反问："你怎么会问我这么愚蠢的问题？""什么？你竟然不知道？"

如果你怀疑某人在撒谎并想查明真相，可以表现得随意一些，在他还没有想出任何说辞以前抓紧向他提问题。这样一来，你从他身上观察到的很多行为或肢体语言，如全身紧张、想要逃避或闪烁其词等，可能就能提供很多信息了。

对于你提的问题，有些人可能会突然表现出自己被冒犯的样子，或表示"我向天发誓……"，而不直接回答。这时，你要在对方毫无防备的情况下"突袭"他，看他如何回应。在这种情况下，对方通常会既慌张又尴尬，很快就会交代事实。

增加对方的认知负荷

说真话其实很简单，就是把自己记得的事情据实相告。说谎则要困难得多，至少从认知上来说的确如此。说谎者什么都不知道，只能想方设法地编故事，而且还要保证故事足够令人信服。想让说谎者露出马脚，一个很好的方法是，可以增加他的认知负荷，直到他出错，这样你就知道真相了。

最好不要像侦探一样"审讯"他们，相反，要表现得随意一些，让他们一直说下去。仔细听，然后对那些可疑的说辞提出质疑。你很快就能听出破绽，或者听出对方话语中相互矛盾的地方。继续下去，进一步对存在矛盾的地方进行追究，你可能会发现更多问题。

 识人 TIPS

在谈话开始就询问对方认为自己有多诚实，这么做能让他在接下来的谈话中更诚实。

一种很有趣的技巧是，在谈话开始就询问对方认为自己有多诚实。这么做能让他在接下来的谈话中更诚实，或者至少能让你发觉他有些紧张，他会在说真话和说谎之间摇摆。这种紧张感可能促使他坦白，或至少会让他在说谎时容易出岔子。

加拿大的研究人员杰伊·奥尔森（Jay Olson）撰写了很多关于说服的文章，他表示，在揭露谎言时，说服技巧会发挥很大的作用。这一点无可置疑。你可以被动地发现他人有没有说谎，也可以巧妙地提出针对性问题、利用策略和说服技巧，主动从他人口中套出真相。

增加说谎者的认知负荷，是为了让他的大脑超负荷运转，这样他的谎言就会不攻自破。一种很有用的技巧是，说一些实际上没有根据的话，然后观察对方的反应。这类信息会成为"压死骆驼的最后一根稻草"，成功地增加对方的心理压力。这样来回几次，真假切换，对方会被迫同时应对多种信息，因此很容易露出马脚。

你还可以让对方转述一个你知道的真实事件，这样，你就能不动声色地知道他说的话有几分真几分假。如果你和对方不太熟，又想知道他的正常行为基线，就

识人 TIPS

增加说谎者的认知负荷，让他的大脑超负荷运转，其谎言就会不攻自破。

可以试试这种方法。

另外，你可以问对方一些意想不到的问题，让你们的谈话暂时从对方编造的谎言中脱离出来。之后，当他再说起同一个问题时，可能已经忘了具体的内容。这时，你可以在无关紧要的部分稍微添油加醋，或故意说错一些细节，看看他有什么样的反应。如果他认为你只是犯了点错，可能会眼也不眨地略过这个问题。

日常生活中的对话通常都是正常且自然的。你不妨留意一下，看看能否从你和他人的对话中发现任何造作、令人尴尬或不自然的内容。随着谈话越来越深入，问题会逐渐浮现出来，你就可以直接暗示对方谎言被识破后会有何种后果。说谎者会感到压力倍增，认知能力下降，也越来越容易犯错，甚至说出一些让人大跌眼镜的话。

最后，留意他人在谈话时是如何表达情绪的。美国联邦调查局前特工兼审讯专家纳瓦罗强调了集群行为而不是单个行为的重要性。实际上，从认知方面来讲，谎言背后有某种"表层原因"，那就是内疚、紧张、恐惧，甚至侥幸逃脱的隐秘兴奋。

说谎者往往会表现出一副冷静、镇定的超然气质，时不时会小心翼翼地伪装出一些情绪，以达到让自己的表达听上去更真实的目的。其实你稍加观察，就会发现一些问题，比如对方的情绪出现的时间点不对，持续时间太长，或用力过猛等。

原因在于，说谎会带来认知负荷，影响真实情感的表达。人在说谎时会表现出纳瓦罗提到的诸多迹象和线索，如噘嘴、身体倾斜、摸脖子或脸颊，或者让自己透透气，如解开衬衫最上边的扣子、拨开脖子和脸上的头发，好让自己冷静下来。

识人 TIPS

说谎会带来认知负荷，影响真实情感的表达。

当你提出令人困惑的复杂问题时，说谎者的认知负荷会大大增加，这样一来，他们会表现出更多的情绪，你要继续留心观察。

想了解说谎者的情绪和编故事带来的认知负荷之间是如何相互影响的，你可以开门见山地询问对方的情绪。许多人在说谎前会提前设计细节，但会忘记设计自己该如何表现情绪。

举例来说，假如某人说他"发现"了一具尸体，那么警察可能会问他，他当时的感受如何。在回答这个问题时，如果他在撒谎，可能需要想一想，因为他在编造谎言时没有考虑到这个方面。他的回答可能很冷漠，又或者表现得很不可信。而说真话的人几乎可以马上回答，且态度诚恳，情绪前后一致。

除了提问题，还可以用另一种增加认知负荷的方式来识别谎言。通常，一直在说谎的人需要在认知层面处理很多信息，因此他的大脑很难留意其他细节。举例来说，假如你的配偶想隐瞒自己的行踪，不想让你知道他一天都去了哪里，他很可能会面无表情地向你叙述。平日里，当他聊到和朋友一起玩乐的情形时，他会很开心、很欢快。而当他说谎时，他的语气可能会很冷漠，就像作报告一样，好像这事跟他无关。

出现这种情况，是因为人在说谎时，无法做到既客观陈述，又表现出该有的情绪。因此，你不妨留意他人在说话时表现出的情绪，然后进行分析，看看他的情绪与他说的话是否对得上。比如，对方说的话像不像设计过的？如果是你，在讲同一件事时，你会不会有更多话说？思考这些问题，能让你更清楚地知道对方是否在说谎。

人在说谎时，其声音表现的情绪会与叙事内容相脱离，相对来说，其肢体语言会透露出更多情绪线索。即使是受过专业训练的人，在说谎时都很难隐藏某些非言语线索，更别说其他人了。当你对这些线索进行分析后，会得出明确的结论：对方在说谎。

 识人 TIPS

人在说谎时，无法做到既客观陈述，又表现出该有的情绪。

有些非言语线索，如面部表情，很容易被隐藏起来。然而一些研究表明，由于说谎者通常会感到焦虑和内疚，因此他们会处于高水平的情绪唤醒状态。正因如此，说谎者更容易透露出非言语线索。

例如，当人们在说谎时，由于处于高水平的情绪唤醒状态，眨眼频率会增加。此外，语言障碍、口误、瞳孔扩大等，也是一个人在说谎时常出现的非言语线索。通常，这些线索的出现频率与谎言的复杂程度有直接关联。因此，如果某人的眨眼次数比平时多很多，表明他很有可能在说谎。

总的来说，有两种增加认知负荷的方式可以用来测试他人有没有说谎：你可以有策略地提出合适的问题，然后耐心从对方说的话中找出漏洞所在；你也可以观察对方在说谎以及在认知负荷增加的情况下，会表现出哪些特定的非言语线索。最好的方法是将这两种方式结合起来使用，这样容易得出更准确的结论。

提高测谎准确性的几点建议

- 不要心急，不要急于行动，要让对方主动提供信息。不要过早地透露你的信息，最好一点儿都不要透露。
- 放轻松，表现得随意一些。否则，你将观察不到对方真实的状态，只能看到一个处于类似被审讯状态的人。所以，不要太严肃，太严肃的环境只会让对方一直感到紧张痛苦。
- 不要太在意对方个别的迹象和线索，如摸鼻子、眼睛向右看或口齿不清。要留意对方在谈话时是如何转换说辞的，尤其是在他不得不立刻编造谎言时。

- 注意听对方说的那些非常冗长或面面俱到的内容。通常，说谎者会说个不停，语速也非常快。

- 慢慢来，你可能需要一段时间来识破对方的谎言。对方说得越多，就越有可能露出马脚，有时他们连自己说的话都记不清。

- 留意对方前后矛盾的话，如某些细节前后不一致，情绪表达与说话内容不匹配，或突然转变话题等。比如，当被问及某些特定的问题时，对方一开始可能很健谈，之后突然变得安静和严肃起来，这种转变就很可疑。

- 始终根据已知信息、谈话背景以及在互动过程中观察到的细节来理解对话，这样就可以掌握对方说话时的言语模式和非言语模式，再对其中特殊的地方进行分析，就能知道对方是否有问题。

- 相信自己的直觉。你的大脑可能捕捉到了一些信息，但你在意识层面尚未能清晰地解释它们。虽然你不能仅凭直觉来判断对方是否在说谎，但也不要急着否定它。

向上社交提升指南

如何判断他人有没有对你撒谎？

在信息高度共享的当今社会，我们掌握的所有识别谎言的方法，撒谎者同样可能掌握，这就需要我们学习一些关于识别谎言方法的"元方法"，具体包括在对话中施以技巧、提高对方的认知负荷这两种方法来识别谎言。

- 在对话中判断他人是否对你说谎，可以从 3 个方面着手：主动提问、尽量少透露信息、留意对方呈现信息的方式。

- 通过提高对方的认知负荷来判断其是否撒谎，可以从两方面着手：策略性地提问，并从对方说的话中找出漏洞；观察对方在说谎以及认知负荷增加的情况下表现出的特定非言语线索。

READ PEOPLE LIKE A BOOK

第 5 章

预测对方的下一步行动

在几乎没有任何背景线索的情况下，
我们也能通过恰当地观察、
倾听和评估他人来预测其行为。

无论你是否擅长解读他人，只要有足够多的时间，就有可能真正地了解一个人。但问题是，你有时可能并没有那么多时间，有时甚至需要在几分钟乃至几秒钟内对某人的性格做出评估。

本章将介绍一些方法，帮你在几乎没有任何背景线索的情况下，更好地观察、倾听和评估他人，以及有效地从零开始"冷读"（cold read）①他人。

事实上，使用一些科学方法，就可以快速地对他人做出相当准确的判断。

---

① 一种社交技巧，即在对方没有任何准备或防备的情况下，读懂其想法，以便更深入地与其交流。——译者注

如何在信息不足时做出正确推断

在心理学中，有一种能力被称作"薄切片"（thin slicing）技能。1992年，心理学家纳里尼·安巴迪（Nalini Ambady）和罗伯特·罗森塔尔（Robert Rosenthal）在《心理学公报》（*Psychological Bulletin*）杂志上首次提出了薄切片这个词，不过它作为一种哲学和心理学概念在当时已经存在一段时间了。归纳起来，薄切片技能就是利用很少的线索来准确预测未来行为的能力。薄切片指的是你试图观察的现象，在本书中指的是他人及其行为。

 识人 TIPS

人们在长期接触他人后对其评价的准确性，并不比最开始接触的5分钟内做出初步评价的准确性高。

一些心理学研究表明，人们在长期接触他人后对其评价的准确性，并不比最开始接触的5分钟内做出初步评价的准确性高。这意味着，人们一般不会改变自己的第一印象，或者说人们真的可以在几分钟内获得自己想要的所有信息。

贾斯廷·阿尔布雷克特森（Justin Albrechtsen）、克里斯蒂安·迈斯纳（Christian Meissner）和凯尔·苏沙（Kyle Susa）在 2019 年进行的一项研究表明，在许多情况下，通过直觉来识别他人的偏见或谎言的准确性更高。有意思的是，这种方法的准确性也比人们更认真或更有意识地做出评估的准确性高。

那么，能不能利用同样的方式对他人进行更准确的评估呢？快速判断的关键是它的无意识性，这也是它速度快的原因之一。马尔科姆·格拉德威尔（Malcolm Gladwell）写过一本很有名的关于薄切片的书，叫作《眨眼之间：不假思索的决断力》（*Blink: The Power of Thinking Without Thinking*）。在这本书中，格拉德威尔探索了人的无意识倾向。例如，他在书中提到，一些艺术鉴赏专家一眼就能发现某座雕塑存在问题，但他们当下可能说不清到底哪里有问题。结果，这座雕塑很快就被认定为赝品。

还有一个著名的例子来自心理学家约翰·戈特曼（John Gottman）[①]。戈特曼曾声称，只要看一眼，他就知道一对夫

[①] 戈特曼是知名心理学家、两性关系和人际关系大师，想提高婚姻质量、人际关系水平和情商，欢迎阅读由湛庐引进的《幸福的婚姻》《爱的博弈》《爱的沟通》等作品。——编者注

妻在 15 年后是否还在一起，且其判断的准确率高达 95%。令人感到奇怪的是，如果戈特曼花更多的时间观察这对夫妻，他的准确率反而会降到 90%。这表明，一开始接触他人时对其做出的判断往往是最准确的。

那么，我们该如何利用薄切片技能更好地解读和理解他人呢？难道运用决策能力或判断能力进行推理，通过理性的、经过深思熟虑且有意识参与的方法得出的判断结果，真的不如根据直觉和本能得出的结果准确吗？

答案既对又不对。安巴迪发现，人的情绪状态可能会影响快速判断的准确性。比如悲伤会降低一个人评价他人的准确性，原因可能是在这种情况下，他需要更加深入地对信息进行加工。

前文用较多的篇幅探讨了人的偏好和偏见，以及一些下意识的反应是如何干扰人们正确解读他人的。那么，本章中提到的这些研究有什么意义呢？它们说明了，通常来说，擅长解读他人的人会同时顾及这两个方面，且能意识到，二者可以相互补充。

举例来说，假如你到一家新公司面试，刚进去不到一分钟，你就对人事经理和这家公司的整体环境产生了"不好的感觉"。你说不出所以然来，但就是感觉有些不对劲儿。后来，你顺利地通过了第一次面试，得到了第二次面试的机会。去参加第二次面试时，你告诉自己要多留心，收集尽可能多的信息，看看问题到底出在哪儿，但你仍旧没有发现任何问题。你很在意自己最初的直觉，于是你便机智地问人事经理自己将来在公司的职位是什么。结果，对方一直在回避你的问题，话语中流露出明显的欺骗迹象，且说法前后矛盾。

接下来，你又进行了一些调查。最后，一位同行好友告诉了你真相：就在不久前，这个职位之前的员工被解雇了，原因是他举报公司有人对他进行性骚扰，而对他进行性骚扰的那个人还留在公司，且将来会成为你的直属领导！从这个例子中可以看出，将直觉与谨慎且深入的思考结合起来，可以帮助我们很好地做出决策，而且二者是相互促进的。法官通常会这么做，军人和警察会这么做，消防员和急救人员也会这么做。此外，人们在寻找伴侣时也会这么做。

直觉很强大，而且通常也比较准确。不过，为了确保这并不是无意识的证实偏差——寻找"证据"来证明自己做出的快速判断是正确的，而不理会其他信息——还需要有意识地进行决策。当你和新认识的人打交道时，不要一开始就想太多，你只需要留意自己的下意识反应，然后顺着这些反应，进行更深入、更理性的分析即可。你要给自己留出空间，以检验你对他人的第一印象是否准确，但也不要忽视你的本能反应，即使你当下不能很好地解释它。

通过措辞判断对方的性格

可以想象，根据薄切片所做出的评估的质量，很大程度上取决于具体场景。举例来说，假如有一天你在慢跑时正若有所思，此时突然遇到了某个人。在这种情况下，如果对方仅根据这短短几秒钟内获得的少量信息，就对你做出全面的评估，那么他的做法就很不可取。

那么，应该利用什么样的信息呢？在遇到他人的最初几分钟内，最好先让大脑自然运作，在低于自觉意识水平下快速做出判断。随后，你可以更仔细地观察，比如放慢加工信

息的速度，有意识地倾听对方说
的话、用的词、提到的场景等。

接下来，我们将探讨如何理
解他人的说话方式和措辞方法。

实际上，你可能一直都在注
意他人的措辞，只是从未意识到
而已。比如，当你收到某人发来
的信息后，你会不会更不想了解他了？你是否曾被某个人的
措辞打动过？或者你能否只从电子邮件签名中就猜出对方的
心情、受教育水平、性别或性格？

识人 TIPS

在遇到他人的最初几
分钟内，最好先让大
脑自然运作，在低于
自觉意识水平下快速
做出判断。

发表在《社会影响力》（*Social Influence*）杂志上的一项
研究发现，人们通常会认为说下流话和脏话的人更有激情，
也更有说服力。有趣的是，这并不会增加或降低这些人的可
信度。《人格研究杂志》（*Journal of Research in Personality*）
中的一项相关研究指出，根据一个人的短信措辞，我们可以
了解到关于他很多方面的信息。比如：如果他在短信中用了
很多人称代词，如“本人”“我”“我的”等，表明他比较
外向；神经质程度高的人则会用较多带有负面意义的词来

表达自己的情绪；宜人性高的人则会用更多与正面情绪相
关的词。

另外，通过分析他人的措辞，还可以更深入地了解其心
理或生理健康状况。例如，神经质程度高的人在表达负面情
绪时，经常会使用意味深长的词。假如某件事惹他们生气
了，他们不会直接说自己"不喜
欢"那件事，而会用一些更严厉
的词，比如"厌倦"或"憎恶"等。
相反，神经质程度低的人经常会
用缓和的语气说事，很少用"憎
恨""厌恶"这样的词。假如某人
在对微不足道的事情发表意见时，
用的都是表示极度痛苦的词，说
明这些事并非看上去那么简单。

识人 TIPS

神经质程度低的人
经常会用缓和的语
气说事，很少用"憎
恨""厌恶"这样的词。

上一章提到，说谎的迹象不仅会反映在人的肢体语言
上，也会反映在人的口语表达上。说谎者往往会说个不停，
还会用到很多与感官有关的词，如"看到""摸上去"等，
但人称代词反而用得很少，可能是因为他无意识中想要置身
事外或暗地指责他人。实际上，这就像一个人在费尽心思地

讲一个很复杂的故事，而事实很明显——这个人可能在说谎。本质上讲，说谎者会编造一些容易回顾和传播的故事。他们可能会避免使用一些表达因果关系的措辞，如甲做某件事是因为乙，而这正好导致丙如何如何，因为对他们的大脑来说，理解这些话比简单地把一系列事件串起来要复杂得多。

所有的政治家、励志演说家或营销专家都会告诉你，你用的词会产生巨大的影响力。不过，这些人在讲话时会有意识有目地使用某些词，而其他大部分人在用这些词时是无意识的。其实，一个人的措辞源于他的价值观、性格、偏见、期望、信仰和态度。

 识人 TIPS

一个人的措辞源于他的价值观、性格、偏见、期望、信仰和态度。

需要注意的是，有些人会在没有明确需求的情况下使用复杂的术语。有研究表明，在日常对话中适量使用一些不常用的词的人，往往更受欢迎，也更受人喜欢，因为人们认为这种人很有智慧。但是，如果一个人在不必要的时候经常说一些专业术语，则反映了他渴望被他人当作聪明和知识渊博的人的事实。了解这一点很有用，尤其是当你在面对权威人士时，如政治家、财务顾问、企业老板等。如果他们不停地说一些专业术语，就不要轻易相信他们。如果对方是你的老板，那你更要守好自己的利益。

假如你是一位女性，在和某人约会，你发现他几乎只用军事术语或狩猎术语和你交谈，那你就该明白他在潜意识里是如何看待女性的了。而假如某个你刚认识的人一直说"我们"怎么怎么样，其实他在暗示你，他把你当作自己人，或者至少他希望你站在他这一边。

另外，如果某人一直在说"我"怎么怎么样，说明他真正在意的只是他自己。因此，要留意他人是如何将事件串在一起的，或他们是如何梳理各种事件之间的因果关系的。例如，有人可能会说"他的感情受了伤害"，而不说"我伤害了他的感情"，这反映了他在这种情况下是如何看待自己的罪过的。

其实，措辞是很难解释清楚的。学习解读他人的措辞是一种艺术，而非一种科学。你需要做的是，将获得的信息输入更大的系统中，将当地的言语习惯、谈话的正式程度以及对方的年龄、所处阶层、言语能力、教育水平等纳入考虑范围。有时，一些措辞只是某些人的一种怪癖而已。

你可以参考一些建议指南。当你下次和某人交流时，不妨注意以下几个方面：

- 他有没有使用大量代词或一直顾左右而言他？金融分析师劳拉·里滕豪斯（Laura Rittenhouse）认为，"我"字在年度股东信中出现的次数越多，公司的整体业绩就越差。

- 他用的是非常情绪化、戏剧化的词，还是单纯描述事实的中性词？

- 他有没有说很多行业术语或技术性言语？这些词的功能是什么？

- 当使用简单术语就能讲明白时，他是否依然用了很多晦涩难懂的"大词"？他为什么要这么做？

- 他有没有经常说脏话？综合你收集到的关于他的其他信息来分析，这说明了什么？

- 他的措辞是否能反映出他独特的用词方式？例如，他是否把"分歧"称作"冲突"，把"同事"称作"同学"？

- 他有没有故意用一些你不理解的词，或只有你和他

才理解的词？为什么？他是想拉拢你，还是想把你
踢出局？

- 他在使用"你""你的""你自己"这样的代词时，
  是为了责备你，还是想把焦点转向你，又或者是想
  操纵你？

- 他有没有模仿你的说话方式，比如他有没有重复你
  说过的字词？如果他有，可能表明他想和你达成共
  识或和谐相处。

三个维度，分析对方的处事原则

前文已经提到，即使只了解某人的一小部分信息，如声
音，也能对其进行解读。同样，只通过观察他人，也能达到
这一目的。那么，你能将你看到的所有细节、线索、迹象等
都拼凑起来，然后分析出一个人的为人吗？

实际上，还有哪种薄切片能比照片更好地传递信息呢？
照片就是一个人在真实生活中的某一瞬间的影像。通过观察
他人的照片，我们可以获得大量的信息。

加州大学伯克利分校的达契尔·克特纳（Dacher Keltner）和李安妮·哈克（LeeAnne Harker）研究了几十位女大学生毕业纪念册上的照片——照片上的她们都面带微笑。不过，她们展现出了两种不同的微笑，一种是"杜彻尼微笑"（Duchenne Smile）[1]，也就是真诚的微笑；另一种是所谓的"泛美式微笑"（Pan Am Smile）[2]。当人们露出真诚的微笑时，整张脸会舒展开，眼睛会眯起来，嘴巴和鼻子周围会出现皱纹。而当人们假笑或勉强微笑时，只有嘴在动，眼睛和其他面部肌肉都没有反应。

 识人 TIPS

人们露出真诚的微笑时，整张脸会舒展开，眼睛会眯起来，嘴巴和鼻子周围会出现皱纹。

---

[1] "杜彻尼微笑"又译作"杜兴式微笑"，该词源于法国解剖学家杜彻尼·德·博洛尼（Duchenne de Boulogne）。他提出，面部颧骨肌肉和眼周肌肉参与的笑容才是发自内心的欢乐微笑，后由心理学家保罗·埃克曼总结提出。——译者注

[2] "泛美式微笑"即假笑、皮笑肉不笑或强颜欢笑，该词源于曾经的泛美世界航空公司（Pan American World Airways）。根据该公司的要求，无论在什么情况下或无论客户做了什么，空乘人员都要一直保持微笑。由于这种压力，空乘人员往往勉强微笑或假笑。——译者注

有趣的是，多年以后，研究人员找到了照片中的这些女生，结果他们发现，相比于照片中勉强微笑的人，真诚微笑的人大多数都结婚了，且更快乐、更健康。假如一个人在每张照片中都在强颜欢笑，而不是发自内心地笑，那么他实际上并不快乐。当然，他也可能是个模特，或者讨厌拍照。还是那句话，语境很关键。

心理学家或精神科医生第一次和来访者交流时，他们会评估来访者的外貌。用这种"以貌取人"的方式来评判他人好像不太妥当，但他们实际上是在收集具体信息，如来访者是不是蓬头垢面、衣衫不整。当然，来访者也可能无论哪种天气或场合都会穿着奇装异服。

无论你对他人的穿着喜欢与否，其穿着都会透露很多信息，因为没有人的穿着能不透露任何个人倾向。穿着是一种体现自我身份的方式，用来传递"我是谁"以及"我希望他人如何看待我"等信息。这种方式很有效，他人可以借此了解这个人的性别和性别认同、文化环境、年龄、社会经济地位、职业、个性甚至宗教信仰。

通过外貌来解读他人，你这么做可能已经很久了。不过，当你下次想要更深入地了解新认识的人时，最好谨慎一些。心理学家詹妮弗·鲍姆嘉特纳（Jennifer Baumgartner）认为，应该设立一门"服装心理学"，研究人们的购物及穿着方式如何反映其行为动机、价值观和自我认知等信息。这样一来，人们可以了解到自己在社会中的角色、地位以及评判自己和他人外表的价值体系。

接下来，我们就来了解一下如何从着装中获取他人的相关信息。

首先，忘记所有的"规则"，比如"哪些衣服才算好看"、"哪些衣服才算性感"或"职业服装是什么样的"等，"好看"、"性感"或"职业"都是相对的。相反，要留意他人的着装与周围环境是否契合。例如，假如某人去建筑工地仍然佩戴高级珠宝，并穿上白鞋 ①，他其实是在向他人展示自己的尊贵和价值观。

---

① 一种红底白皮鞋，最早指美国东北部早期的精英阶层，尤其是常春藤学校的学生喜欢穿的一种鞋。这些人毕业后大多会进入金融公司和律所并占据主流地位，他们是典型的精英阶层，是美国上流社会的主要构建力量。——译者注

其次，观察他人平时是否会打理自己的穿着。你可能欣
赏不来他人的穿衣风格，这不要紧，重点是注意他们是否打
理过自己的穿着。如果他们穿着很随意、很少打理，说明他
们的自尊心较弱或心情不好；而一个人着装越正式，代表他
越重视当下参与的这件事。

再次，观察他人刻意穿戴的显示自身地位或声望的标志
物件。比如，他们是否坚持穿白大褂、制服或佩戴某种荣誉
徽章，他们有没有佩戴代表财富或权力的饰物，这些东西能
反映人的自我意识和价值观。假如一个人在非工作时间也穿
着工作服，那么他传达的信息是：他的身份与谋生方式息息
相关。

家庭与财产状况

在法国普罗旺斯的乡下，有一种古老的传统，人们会
在自家门口种 1 到 3 棵柏树，表明自家的待客意愿如何。种
3 棵柏树，代表这家人愿意接待疲惫的旅行者，会提供帮扶
救济，还会让他们留宿；种 2 棵柏树，代表这家人乐意提供
饮食；而种 1 棵柏树，代表这家人不愿意被他人打扰。

当然，以这种方式与他人"交流"的传统不仅出现在法国。发表在《环境心理学杂志》（*Journal of Environmental Psychology*）上的一项研究指出，一些美国人会在房子外面挂上圣诞装饰品，借此向邻居传达自己的友善，表示自己参加群体活动的意愿很高，而且这些人通常很善于交际。如果你要去某人家里做客，在观察他们一家的穿着、肢体语言或措辞时，不妨也观察他的家，毕竟在很大程度上，一个人的家也能反映很多信息。

比如，对方的家庭是否开放、好客？家里是保持得很整洁，还是无人收拾的？你还可以从他家的客厅布置、为宾客考虑的程度等方面了解他的社交方式。如果他家空荡荡的，且过于整洁，可能表明他的性格比较敏感。而如果他家里到处摆放着昂贵的装饰品以及自己和名人的用精致相框装裱的照片，说明他很看重声望和财富。

家是世界上最舒适、最安全、最让人镇定的地方。尤其是浴室或卧室等私密空间，是人们根据自己的需求和价值观来创造的空间。

当你去某人家里时，不妨观察一下，在他家里哪些东西特别多。假如他在房间里挂了很多他和家人在一起的照片，或者放了一堆书，那么很明显，这些东西对他来说很重要。此外，一个人房间里缺少某些东西，也能反映他的性格。比如他的房间里是不是只有几件家具？摆放的个人物品是不是很少？他的房间是不是显得空荡荡的？如果是，他很可能是一个极简主义者，当然也可能表明他的心理健康状况欠佳，缺乏社交依恋，或自尊心偏弱。

家也是一个人展示自我愿望的地方。因此，可以观察对方是如何装饰房间的，他买了哪些东西，他的房间里缺少哪些东西，以及他的灵感来自何处。你可以从中看出他是如何看待自己的，或他希望他人如何看待自己。当然，如果房子是他租的，而且他仅住了一年，你可能看不出任何信息。

山姆·高斯林（Sam Gosling）在他的著作《看人的艺术》中解释说，我们甚至可以通过一个人的卧室装饰风格猜出他的政治倾向。高斯林发现，美国保守派人士倾向于用机构或组织的周边物品和传统标志来装饰房屋，比如旗帜和运动器材。他们的房间通常比自由派人士的房间更明亮、更整洁，而后者的卧室中则通常有很多书、唱片、艺术用品、文具和文化纪念品，往往也更绚丽多彩。一般来说，如果一个人的房间整洁且过于有条理，说明他更有可能为人处世比较保守，因为他天生就倾向于认真。相对而言，自由派人士的房间会更具有开放性和创造性，因为他们不喜欢被规则和秩序束缚。

识人 TIPS

如果一个人的房间整洁且过于有条理，说明他更有可能为人处世比较保守。

当然，不同的地区也存在着明显的差异。比如在某个地区被视为整洁、精美或现代的东西，在其他地区可能有完全不同的含义，因此不能忽视这一点。另外，如果某座房子与当地其他建筑的风格明显不同，也能反映出一些问题。例如，当某家想要建造一个与邻居家完全不同的房子，或者他家房子建造时遵循了其他国家的习俗，你应该知道这意味着什么。

根据高斯林的说法，一个人房间里的财产和器物大致可以分为以下 3 类：

- 象征身份（identity claim）的物品，即直接表明个人性格、价值观或身份的物品，如装饰品、海报、奖杯、照片、珠宝配饰。观察这个房间，然后思考：谁住在这里？什么人才会拥有这些物品？

- 调节情绪（feeling regulator）的物品，即帮助人们管理自己的情绪状态的物品，如励志名言、家人照片或带着一个人情感的物品。这些物品能反映出一个人最看重什么、最珍惜什么。

- 行为残余物（behavioral residue），即日常生活中余留下来的东西，可能是角落里成堆的旧酒瓶、沙发上未整理完的书籍或餐桌上的工艺半成品等。这些物品可以很好地反映一个人的习惯和日常行为。

像解读肢体语言或声音那样解读他人的生活，其实并不难，只要多加留意就够了。你要观察对方的一切，包括他们开车时会听哪些电台，他们汽车保险杠的贴纸是什么样的，他们的计算机用户名和桌面壁纸各是什么，以及他们的钱包、鞋子、照片、运动装备、宠物、饮食和读的书又各是什么样子的。这些物品虽不起眼，但也能传递某些有用的信息，只要你仔细观察就能发现。

网络行为

现在大多数人已经知道，不能轻易相信网上的一切，他人的社交媒体形象可能与其本人大相径庭。那么，我们还能不能通过分析他人的社交媒体账户和网络行为来推断其性格和爱好呢？答案是肯定的。

首先，我们甚至不用查看对方的社交媒体账户，就能在线了解他的性格——先从分析他的电子邮件开始。除了留意对方的措辞，还要留意他通常发电子邮件的时间。假如只有那么一两天，他是在深更半夜给你发的电子邮件，这说明不了什么。但如果他一直在后半夜给你发电子邮件，那就说明他很可能是个夜猫子。

有人可能会问：那又怎样呢？实际上，一个人的时间安排，或者说他独特的昼夜节奏模式，可以反映出他自身的性格。美国睡眠医学专家迈克尔·布劳斯（Michael Breus）的研究表明，那些起得早且在晚上 10 点前就睡的人，可能比较外向、有野心，也懂得如何与他人打交道。而夜猫子则更容易出现所谓的"黑暗三性格"（dark triad）：自恋、马

识人 TIPS

起得早且在晚上 10 点前就睡的人，可能比较外向、有野心，也懂得如何与他人打交道。

基雅维利主义 ① 和精神病态。

当然，这并不意味着大半夜给你发短信的人都是精神病。事实上，当你知道他们是夜猫子后，你可能会发现他们更内向、更容易焦虑，但也更有创造性。而那些睡眠时间混乱的人，睡眠类型则通常以浅睡眠为主，很容易压力过大，而且比其他人更容易焦虑，也更较真。

再回到社交媒体的问题上。如今，社交媒体已经是人们生活中不可分割的一部分。要想知道能不能通过他人在社交媒体上分享的内容来了解其性格和爱好，不妨了解一项关于学生及其社交媒体行为的研究。

研究人员对 236 名学生进行了人格测试，评估了他们的大五人格模型，还对他们进行了另一项旨在探究其理想化人格，即他们希望自己成为什么样的人的测试。最后，研究人员让陌生人查看这些学生的社交媒体资料，并对他们的人格进行评估。

---

① 即为达目的不择手段的倾向。——译者注

　　研究结果或许令人惊讶：这些学生在社交媒体上更有可能展示真实的自我，而非理想化的自我。换句话说，这些学生在社交媒体上更诚实、更直截了当。不过，对于该研究结果，我们要谨慎看待，毕竟测试中所做的评估十分泛化，而且某些人格特质很难通过社交媒体看出来。

　　那么，我们能不能通过社交媒体了解一个人呢？就像通过分析其他信息来了解一个人一样，我们也可以通过分析一个人在社交媒体上的信息来分析他。但要记住一点，这些信息只能说明部分问题，而人的行为模式要比孤立的信息更重要。人们在网上发布的言论有时会带有很强的正面情绪或负面情绪，这很容易影响他人对其人格的判断。而一个人发布在网上的图片，尤其是个人头像，有助于我们准确了解他的大五人格模型。

　　一些研究表明，开放性或神经质程度高的人通常会用自己的照片作为头像，而且照片上的面部表情是平静的，而非愉悦的。而尽责性、宜人性和外倾性程度

 识人 TIPS

尽责性、宜人性和外倾性程度高的人，更可能用面带微笑且情绪积极的照片作为头像。

高的人则更可能用面带微笑且情绪积极的照片作为头像。此外，宜人性和外倾性程度高的人用的照片通常比其他人的更活泼，照片中的情绪也更饱满。

此外，了解了一个人的理想化自我后，你就能知道他当下的自我了。如果一个人家里满是旅行带回的古玩，墙上挂满了地图，你就知道他热衷于旅行，可能是个享乐主义者。同样，如果一个人在社交媒体上发布了很多旅行照片，那么他有意在向他人宣布："我希望大家知道我是个旅行达人。"

职场表现

以下可能是所有面试者共同的"恐惧"：面试成功与否，也许只取决于面试刚开始时前几秒钟的问候和握手，仅此而已。我们都知道，在评价他人时，第一印象非常重要。比如，有人通过和某人握手就能知道对方是什么样的人。

在一项研究中，研究人员要求被试在和另外 5 个人见面以后，对对方的人格进行评分，其中一半被试会和这 5 个人握手，另一半被试则不会。结果表明，与没有和人握手的被试相比，和人握手的被试对他人尽责性的评估更加准确。这么看来，那些坚持面对面交谈的商界人士可能确实掌握了一定的沟通技巧。

如果你想了解某人，在与对方握手时，不妨注意几个关键点。如果对方是有气无力的"死鱼式握手"①，表明他可能比较自卑、对你提不起兴趣或不敢做出承诺。如果对方手心出汗，表明他可能感到焦虑。当然，并不是所有的情况都是如此，比如有些人天生手心就爱出汗，在这种情况下，需要寻找其他迹象。

留意是谁先伸出手的，这也是一种重要的迹象。握手时，如果对方离你太近且过于用力，说明他想控制局面，甚至想以某种方式来主导你们之间的对话。而如果对方转过手，掌心向下，这种象征性的行为表明他想处于"上位"，继而控制局势或控制你。

此外，和拥抱一样，还要看谁先抽回手。如果对方立马

---

① 死鱼式握手（dead fish handshake），即握手时手没有任何动作，好像握的是一条死鱼而不是人的手，常用来形容人很自卑。——译者注

缩手，意味着他对合作不情愿或存有迟疑。如果他握住你的手不放，且上下摇动的时间较长，则表明他想说服你或想安抚你。而如果对方优雅且自然地伸出手让你握，那他可能只想和你保持正常的社交距离。

如果对方双手握住你的手（其中一只手放在你们握着的手上），表明他很有诚意。不过，这种握手方式更多的是政客或外交官在用，他们想让对方觉得自己很真诚，不过通常给人的感觉有些居高临下。

 识人 TIPS

在握手时越坦诚、热情、放松的人，就越外向、随和。

一般来说，一个人在握手时越坦诚、热情、放松，说明他越外向、随和。一个人外向与否，最容易通过握手感觉出来。不过，即使和人握手时感觉到了不对，也不要过早下结论，最好在其他情境下再找找线索。

不过，如果你想评估同事或潜在雇员的性格，最好不要先看他们的简历，而要直接查看他们的社交媒体账户。虽然仅通过查看一个人的社交媒体账户就对他的性格做出快速判断，似乎有失公允，但有证据表明，这种方法可能很准确，不仅可以用来评估他人的性格，还可以预测其未来的工作表现。

研究人员唐纳德·克伦普（Donald Kluemper）的研究表明，那些在社交媒体中看起来更尽责、更随和、更有求知欲的人，他们的工作表现通常会更好。前文曾提到过一点，即人们在社交媒体上展现的自我形象实际上是非常真实的。这项实验表明，人在与他人交流时表现出来的特质影响着其生活的一切，包括职业表现。

那么，一个人发布自己参加俱乐部休闲派对的照片，会不会对他的个人形象不利呢？一般来说，这个问题要分情况来讨论。如果某人的个人资料显示他兴趣广泛、旅行经验丰富、朋友众多，这种人通常会很受欢迎。因此，如果某个学生将自己参加派对的照片和其他照片一起发布，则表明他可能是个多才多艺且真实的人。

无论如何，以上研究提供了一个重要的启示——最有说服力且有价值的用来了解与我们共事的人的信息来源，通常并不是我们之前认为的那些。

如何为收集信息提出一个好问题

亚里士多德曾说过："了解自己是一切智慧的开端。"本杰明·富兰克林也有类似的观点："有三样东西是极端坚硬的——钢铁、钻石以及对自己的认识。"亚里士多德的意思是，自我意识是智慧的根源，而富兰克林的意思则是，一个人很难清晰地认识自己。

本节并不打算讨论自我意识，但形成自我意识的过程与解读和分析他人的过程十分类似，两者同样困难。

本节要重点讨论的是，如何通过向他人提间接性问题来收集信息，并根据对方的回答更好地了解对方。从许多方面看来，人们也可以用同样的方式了解自己。

那么，人们通常是如何形成自我意识的呢？通常，人们会问自己一些直接性问题，如"什么才能让我感到快乐和满足呢"，这种问题并不是认识自己的好问题，因为人们在长篇大论后，会不假思索地回答出一些毫无洞见的陈词滥调。

不妨思考一下，关于如何形成自我意识的问题，怎样回答才更有意义和指导性。例如，当被问到"一周之内你最期待哪一天"或"假如你中了大奖，可以自由选择如何生活，你会怎么做"，又或者"你最喜欢哪个假期"等间接性问题时，人们通常会给出具体答案，而这些答案反映了人们自身的特定需求。我们可以仔细分析这些答案，并想办法深入研究它们。实际上，这些问题本质上是在探究他人的行为方式，这对了解他人来说是最基本的。因为思想和意图固然很重要，但归根到底，如果它们从未转化为行动，那就毫无用处。

10 个问题，为对方绘出鲜活的"人物画像"

事实上，我们可以在不冒犯他人的前提下，向对方提问，并获得大量反映其世界观或价值观的信息。例如，你可以问某人，他是从哪里获得新闻信息的，他喜欢的电视频道、出版物、音乐类型都有哪些，以及他喜欢的权威人士或主持人都有谁。通过类似的间接性问题，你可以了解对方的思维模式。在这个过程中，你可能需要进行推断和猜测，但至少有具体信息可以参考，而且你还能发现许多具体的关联信息。

接下来，我们来探讨一些间接性问题，并深入了解如何通过人们讲的故事来获取信息。这些问题主要是为了激发对方的深入思考，因此需要对方用心回答。通过分析对方的答案，就能了解他的行为模式和思维模式。

问题 1：你最想要的奖励和最想避免的惩罚是什么？

根据该问题的答案，你可以确定促使对方做出某种行为的真正动机和价值观各是什么，如他真正的驱动力是什么？他真正在乎的是什么？对他来说，什么样的痛苦经历或愉悦经历令其印象深刻？在本能层面，他最重要的积极行为和消极行为各是什么？

例如，所有的赌徒都想得到头奖。为了得到奖金，他们一次次地投注，无论是玩刮刮卡，还是玩老虎机。他们是为了赢回自己的损失吗？是希望自己富得超出想象吗？他们是真的想得到头奖，还是为了填补内心的空虚，给自己找点事做？

他们为什么如此迷恋赌博呢？你可能会推测，他们这么做可能是为了体会赌博带来的刺激和极度愉悦。他们想拥有一份稳定的工作或找到自己的人生目标吗？他们也许想，也许不想。当你深入了解对方最想要什么及想要的原因时，通常可以发现其背后的驱动力而无须直接询问对方。根据问题1的答案，你就能清楚地了解到对方优先考虑的是什么，以及他是如何看待生活中的痛苦和快乐的。

另外，要留意答案背后的隐藏情绪，这样你可以更清楚地了解对方的价值观。比如某人想获得文学领域的最高奖项，这个目标并不是孤立的、悬浮的，不妨想一想：它会给他带来怎样的感受、情绪和期望。

问题 2：你最想和最不想在哪些方面花钱？

该问题的答案能反映出对方在乎生活的哪些方面，他想要什么以及想回避什么。该问题的重点并不在于要买的物品本身，而是这些物品象征着什么，又能给人带来什么。例如，有人会花钱买经验而不是买新的钱包，因为这可以提升整体的幸福感，帮助树立正确的人生观。

那么，你在哪些方面花钱会大手大脚？哪些方面对你来说没那么重要呢？

举例来说，在度假时，有些人可能会花大钱出海旅行，在住宿方面却会选择平价酒店。这表明，他们渴望享受旅途中难得的风景，但对住宿舒适度要求不高。有些人的选择可能正相反，他们陶醉于物质享受之中，对各种美景反而提不起太大的兴趣。

无论哪种情况，人们都在用花出去的金钱数量来体现自己的偏好和价值观。

 识人 TIPS

一个人的消费倾向能够体现其快乐的重要来源。

一个人的消费倾向能够体现其快乐的重要来源。所以，如果你知道自己把钱都花在了哪方面，以及在哪方面省钱了，那你很快就知道哪些东西对自己最重要。

同样的原则也适用于时间和努力。人们对时间、金钱和努力的分配，无论是有意识还是无意识的，都反映了他们的价值观。

问题 3：你最关键的成就和失败是什么？

众所周知，经历无论好坏，都会塑造人。重大经历往往会塑造人们的自我认同，比如"你之所以如此，是因为你做了某件事，最后得以成功或失败"。一个无法回避的事实是，过去发生的事情往往会影响人们当前和未来的行为。人们可以采取一些方法来应对即将发生的事，不过这不是本节要谈的重点。本节不探讨如何改变人的思维模式，只是想强调，重大事件会对人的一生产生影响。

所以说，这个问题的答案反映的是人们是如何看待自己的。失败会无情地暴露出人们厌恶的自身缺陷，成就则会凸显人们引以为豪的优势。

例如，一位职业女性在升职的阶梯上一路攀升，她可能会自豪地思考自己的成就。她可能会想，自己凭借什么取得了这样的成就呢？因为她培养独立、韧性和果敢这些品质，而这些正是一个人要到达事业巅峰所必需的。她可能还会回顾自己为了取得现在的成就而做的努力，并引以为傲。

因此，这位职业女性的答案反映了在她达到目标的过程中起到积极作用的特质，即其自我认同的重要组成部分。想象一下，如果她谈论的是她从事了自己鄙视的工作，并且做得很失败，那么她可能会表现出消极的自我认同，而这种思维和行为正是她所厌恶的。

这个问题的答案反映了人们想成为什么样的人，而判断的主要依据是他们的期望是否实现。

问题 4：你在哪方面得心应手？

这个问题旨在深入了解对方真正喜欢的是什么。一个人做某件事得心应手并不是他与生俱来的才能，而是表明他乐在其中。相对来说，一个人做某件事总是比较吃力，并不一定代表他缺乏做这种事的能力，而可能表明他很讨厌做这种事。因此，从这个问题的答案中可以了解到，对方最常从哪方面得到乐趣。

举例来说，假如让一名甜点师来回答这个问题，他可能会说，自己在制作甜点的混合配料方面缺乏创造力，虽然他的能力已经超过了大多数人，但在这方面，他天生并没有太大的优势，而且从他记事以来，这方面一直都是他的弱项。不过，虽然他并非天生具有烹饪方面的创造力，但他能从中获得乐趣，因此一直愿意尝试。虽然制作甜点具有挑战性，但对他来说通常并不费力，因此他并不会感到厌倦。另外，他可能在理解食谱和按传统食谱制作甜点方面具有一定的天赋，但他并不看重这些。

如果只讨论他的天赋，我们可能会得出结论，即他应该只参考他人的食谱来制作甜点，但他根本不看重这一点，相反，他更希望能从创造食谱中得到乐趣。

问题 5：设计一个游戏角色时，你会重视和忽略哪些特质？

这个问题旨在探讨对方理想中的自我是怎么样的，以及哪些东西对他来说是不重要的。

想象一下，让你设计一个游戏角色，并为这个角色的每种特质赋分，总分有限，需要分配给 6 种特质。在这种情况下，你会给哪些特质打高分，又会给哪些特质打平均分甚至低分呢？

假如让你对个人魅力、学术智慧、幽默感、诚实、适应能力和情绪感知这6种特质进行打分，得分最高的特质很可能是你最希望被他人看到的，它可能是你当前拥有的特质，也可能与你当前拥有的特质完全相反。无论哪种情况，这个问题的答案都能反映出你是如何看待自己的，或你希望他人如何看待你。其他特质呢？实际上，它们就不太重要了。在人际交往中，人们喜欢和具有自己看重的特质的人打交道，而人们选择的每种特质背后，可能都有各自的缘由。

另一个相关问题是：请对方描述某人有哪些特质。这个问题源自达斯廷·伍德（Dustin Wood）在2010年进行的一项心理学研究。伍德发现，人们在描述他人时，倾向于提及和自己相似的特质。原因很可能是，人们希望在他人身上观察到和自己相同的品质，很少有人愿意相信自己拥有的特质与众不同。因此很多人认为，其他人的观点和思维方式都和自己有相似之处。这个问题的答案直接反映的是人们认为自己具有哪些特质。据此，你就能知道他们的处事态度，是善良、慷慨、不信任、充满恶意，还是精神涣散。

识人 TIPS

人们在描述他人时，倾向于提及和自己相似的特质。

问题 6：你会捐款给哪些慈善机构？

这个问题旨在让对方站在更广阔的角度说出自己在意的重大问题，而不局限于对方自己的生活。

对于"你会向动物收容所或癌症慈善机构捐款吗""你会资助一个来自第三世界国家的孩子吗"等问题，不同的人会给出不同的回答。当然，你对答案背后的原因可能了解一二。无论如何，问题 6 的答案反映的是，对方除了自身之外最关心的事情是什么。由此，你可以看到对方所关注的部分，以及他是如何看待自己在世界上所处的位置的，换句话说就是，他倾向于优先考虑哪些人的利益或容易受哪些人的影响。

问题 6 有助于我们深入了解对方的价值观、想法和意识。这个问题能引导对方思考自己性格中与之相关的部分，而这种思考有助于打破以往的惯性思维，十分有意义。因此，要留意答案背后的信息，读懂言外之意。要想做到这一点，有几项要素很重要，即批判性思维、评估和反思。

接下来的问题重点关注的是对方自己构建的故事，不再局限于得到相对简短的答案。那么，通过聆听他人完整的内心对话，我们能获得哪些信息呢？

问题 7：用一种动物来形容自己，你觉得会是什么？

这个问题考察的是非常个人的，人们一般很难觉察的方面。通常，人们更愿意谈论自己欣赏他人的某些特质，而不愿意直接谈论自己。但是在回答这个问题时，人们会很愿意分享一些在平时的对话中不会透露的信息。

人们在谈论动物时，会"创造"一个空间，这个空间能让人们非常直率和诚恳地回答问题。在谈论自己最喜欢的动物时，人们会在不经意间表露出自己希望成为什么样的人。例如，你可以仔细听那些说自己喜欢狗而不喜欢猫的人说的话，然后问他们为什么喜欢狗而不喜欢猫。通过他们的回答，你能清楚地知道，哪些特质是他们看重的，以及他

识人 TIPS

在谈论自己最喜欢的动物时，人们会在不经意间表露出自己希望成为什么样的人。

们希望自己成为什么样的人。

问这个问题时，最好随意一些，不要让对方觉得你好像在盘问他。这有助于你快速穿过对方的心理防线，促使他不假思索地说出一些关于他自己的信息，而这些信息通常非常有用。对方最先想到的是他认为最重要、最有价值或让他最执着的方面。

例如，当你提问后，对方立即告诉你他觉得自己像熊，你无须要求他解释原因也能明白他认为自己很凶猛，会竭力保护亲人，希望他人尽量不要惹他。不过，他没有说自己像鲨鱼，是否意味着他认为自己也有"可爱"的一面呢？

从表面上听起来，这个问题很简单，天真又有趣，但正因如此，人们才会给出诚恳的答案。

对于这个问题的答案，可以多留意对方选择的是肉食动物，还是草食动物；是经过驯养的动物，还是比较危险的野生动物；是否是传说中的动物或害虫。这个问题能让你深入地、多方位地了解对方，因为对方很可能会说出很多有用的信息。

问题 8：你最喜欢哪一部电影？

当对方向你分享他最喜欢的电影时，会给你提供大量可以用来解读他的信息。在回答这个问题时，对方可能会认真分享那些很有吸引力的对白和情节，这反过来能很好地向你展示其内心的道德世界是什么样的，他是如何看待好人和坏人的，以及他会如何根据电影情节来构建自己的叙事。

比如，当对方说他喜欢某部电影时，不要武断地认为他认同电影中的主角，也许是因为他受到了这部电影的导演或某种电影流派的影响。假如对方回答说："这是一部非常晦涩的波兰独立电影，发行于 20 世纪 40 年代初。我想你应该没怎么听说过吧。"对于这种回答，即使你从未听说过这部电影，也可以对这个人做出大致的推测：他重视排他性和稀有性，并喜欢以品位出色的鉴赏家身份自居，而其他人可能会厌烦他，认为他不过是个赶潮流的人而已。

你可以将这个问题的答案与你获得的其他信息结合，然后再进行分析。比如，一个经常躲起来、害羞且骨瘦如柴的孩子说自己最喜欢超级英雄电影，这意味着什么呢？一位退休的日本母亲在看了一部关于美国南部奴隶贸易的严肃电影以后，她会怎么想呢？一个人说他最喜欢的是某部喜剧电影，这部电影并非最近上映的，而是几十年前在他小时候很受欢迎的，这又意味着什么呢？

问题 9：假如家里失火，你会先救出什么？

这个问题可以用来深入了解一个人最基本的价值观和偏好。比如，你可能认识某个比较特别的人，其他人都说他非常务实，但他在回答这个问题时，却说自己想救出某本诗集。

在面临危机和紧急情况时，人们通常会迅速暴露出其生活的症结所在。在这种情况下，人们可能马上采取某种行动，但很快会发现自己陷入了窘境。

在瑞典电影《游客》（*Force Majeure*）中，主角一家遇到了可怕而短暂的威胁——雪崩。慌乱之际，父亲当场逃离，自顾逃命，而母亲则一直和孩子在一起。后来，危机过去了，每个人都安全了。电影的后半部分探讨了父亲的行为：他在紧急时刻表现出的下意识反应，是否表明他真正在乎的是他自己，而不是他的家人？

对于问题 9，我们不能只根据对方救出的东西来评判他，还要了解个中原因。比如，假如他说会先救出自己的宠物猫，这说明相比于无生命的财产，他更重视生命。假如他说会先救出护照，那么表明他更重视自由行动和旅行。假如他说会先救出钱包，因为他所有的钱、银行卡和驾照都在里面，说明他没有从价值观或虚拟的角度来回答这个问题，而是按字面意思把它当成了一种实际困境，并给出了最合乎逻辑的答案。他的心理状态和那些果断地说自己会先救出曾祖母旧照片的人的心理状态肯定截然不同。

问题 10：你最害怕什么？

前面的许多问题主要是为了了解对方的价值观、原则、偏好和愿望。当然，你也可以从对方刻意回避、厌恶和害怕的事物中了解到很多信息。这个问题不仅能反映对方在乎什么，也能反映他是如何看待自己的。毕竟，每个人都会害怕那些无法保护自己免受其伤害的事情。此外，这个问题也能让我们深入了解对方是如何看待自己的优势和劣势的。

对于这个问题，如果一个人回答说自己最害怕蜘蛛，而另一个人说自己最害怕患痴呆症，因为他会逐渐忘记自己是谁，记不起他曾经爱过的每个人，那么二者的心理状态自然很不相同。恐惧往往是窥见人们内心最坚定原则的窗口。比如，一个道德感强且追求正义和公平的人，很可能会害怕连环杀手、精神病患者甚至恐怖的超自然实体。

 识人 TIPS

恐惧往往是窥见人们内心最坚定原则的窗口。

另外，恐惧也可以反映一个人如何看待自己应对逆境或痛苦的能力。假如对方说自己害怕被拒绝、被抛弃和被批评，那在他看来，心理伤害比生理伤害更严重。而假如一个人毫不畏惧地告诉你："我什么都不怕。"你会如何解读他呢？

向上社交提升指南

如何准确预测他人接下来会做什么？

洞察他人的终极目的，往往是预知他下一步会做什么，这种准确预知会大大提高我们在工作和生活中诸多决策的胜算。具体来说，我们可以从分析对方的处事原则、为对方画"人物画像"来了解对方和预测其行动。

- 我们可以从 3 个维度来分析他人待人接物的方式：家庭与财产状况、网络行为、职场表现。

- 通过以下 10 个方面的问题，我们可以为他人画出准确而生动的"人物画像"，全方位了解他人的奖惩偏好、财务分配、成败经历、个人优势、理想自我、关注的重大问题、喜欢的动物、喜欢的电影、最在意的物品、最怕的事物。

未来，属于终身学习者

我们正在亲历前所未有的变革——互联网改变了信息传递的方式，指数级技术快速发展并颠覆商业世界，人工智能正在侵占越来越多的人类领地。

面对这些变化，我们需要问自己：未来需要什么样的人才？

答案是，成为终身学习者。终身学习意味着具备全面的知识结构、强大的逻辑思考能力和敏锐的感知力。这是一套能够在不断变化中随时重建、更新认知体系的能力。阅读，无疑是帮助我们整合这些能力的最佳途径。

在充满不确定性的时代，答案并不总是简单地出现在书本之中。"读万卷书"不仅要亲自阅读、广泛阅读，也需要我们深入探索好书的内部世界，让知识不再局限于书本之中。

湛庐阅读 App: 与最聪明的人共同进化

我们现在推出全新的湛庐阅读 App，它将成为您在书本之外，践行终身学习的场所。

- 不用考虑"读什么"。这里汇集了湛庐所有纸质书、电子书、有声书和各种阅读服务。

- 可以学习"怎么读"。我们提供包括课程、精读班和讲书在内的全方位阅读解决方案。

- 谁来领读？您能最先了解到作者、译者、专家等大咖的前沿洞见，他们是高质量思想的源泉。

- 与谁共读？您将加入优秀的读者和终身学习者的行列，他们对阅读和学习具有持久的热情和源源不断的动力。

在湛庐阅读 App 首页，编辑为您精选了经典书目和优质音视频内容，每天早、中、晚更新，满足您不间断的阅读需求。

【特别专题】【主题书单】【人物特写】等原创专栏，提供专业、深度的解读和选书参考，回应社会议题，是您了解湛庐近千位重要作者思想的独家渠道。

在每本图书的详情页，您将通过深度导读栏目【专家视点】【深度访谈】和【书评】读懂、读透一本好书。

通过这个不设限的学习平台，您在任何时间、任何地点都能获得有价值的思想，并通过阅读实现终身学习。我们邀您共建一个与最聪明的人共同进化的社区，使其成为先进思想交汇的聚集地，这正是我们的使命和价值所在。

CHEERS

湛庐阅读 App
使用指南

读什么
- 纸质书
- 电子书
- 有声书

怎么读
- 课程
- 精读班
- 讲书
- 测一测
- 参考文献
- 图片资料

与谁共读
- 主题书单
- 特别专题
- 人物特写
- 日更专栏
- 编辑推荐

谁来领读
- 专家视点
- 深度访谈
- 书评
- 精彩视频

HERE COMES EVERYBODY

下载湛庐阅读 App
一站获取阅读服务

图书在版编目（CIP）数据

带着洞察力去识人 /（美）帕特里克·金
（Patrick King）著；光子译. -- 杭州：浙江教育出版
社，2023.11
  ISBN 978-7-5722-6720-8

  Ⅰ. ①带… Ⅱ. ①帕… ②光… Ⅲ. ①心理交往—通
俗读物 Ⅳ. ①C912.11-49

中国国家版本馆CIP数据核字(2023)第190525号

浙江省版权局
著作权合同登记号
图字:11-2023-360号

上架指导：心理学 / 沟通与社交

带着洞察力去识人
DAIZHE DONGCHALI QU SHIREN

[美] 帕特里克·金（Patrick King）　著

光　子　译

责任编辑：李　剑

助理编辑：周涵静

美术编辑：韩　波

责任校对：王晨儿

责任印务：沈久凌

封面设计：ablackcover.com

出版发行：浙江教育出版社（杭州市天目山路 40 号）

印　　刷：天津中印联印务有限公司

开　　本：880mm ×1230mm 1/32

印　　张：7.125　　　　　　　字　　数：123 千字

版　　次：2023 年 11 月第 1 版　　印　　次：2023 年 11 月第 1 次印刷

书　　号：ISBN 978-7-5722-6720-8　　定　　价：79.90 元

如发现印装质量问题，影响阅读，请致电 010-56676359 联系调换。